herzlichst,

Geest-Verlag
Verlag für engagierte Literatur

Die Erkenntnis ist Jahrhunderte alt, dass ein Mensch ohne Besitz und Obdach in den Augen derer, denen es gut geht, weniger wert ist – egal, von welchem Stand auch immer er vor seinem Fall war.

Heike Avsar

Der tiefe Fall des Herrn P.
oder die Würde des Menschen

Roman

Heike Avsar
Der tiefe Fall des Herrn P.
oder die Würde des Menschen
Roman

© 2019 Geest, Vechta

ISBN 978-3-86685-706-3

Geest-Verlag,
Lange Straße 41 a, 49377 Vechta-Langförden
Tel. 04447/856580
Geest-Verlag@t-online.de
www.Geest-Verlag.de

Druck: Geest-Verlag
Alle Rechte vorbehalten

Printed in Germany

Vorwort

Warum ausgerechnet ein Roman über Obdachlosigkeit? Gibt es keine fröhlicheren und sorgloseren Themen in einer ohnehin schon unruhigen und schwierigen Zeit? Sicher gibt es die, genauso wie es das noch immer verbreitete Wegschauen der Gesellschaft in Bezug auf Obdachlose gibt.

Wenn die Winter hart, die Obdachlosenunterkünfte überfüllt sind und die Betroffenen keine andere Möglichkeit sehen, dem Kältetod zu entgehen, als in Hausfluren zu schlafen, in beheizten Schalterräumen von Bankfilialen ihre Nachtlager aufzuschlagen, die Nächte auf den Bänken der U-Bahnhöfe zu verbringen oder im Schlafsack unter einer S-Bahnbrücke zu liegen, um wenigstens ein „Dach über dem Kopf" zu haben, dreht man sich gern kopfschüttelnd und angewidert weg oder bringt seinen Unmut in Form einer kränkenden Wortwahl zum Ausdruck.

Meldungen über Obdachlose, die, auf Parkbänken schlafend, einfach angezündet werden, sind keine Erfindung, sondern traurige, unfassbare Realität.

Als Arbeitsscheue, Alkoholiker, Abschaum und Penner werden sie gern bezeichnet. Penner, die selbst verschuldet auf der Straße leben.

Und genau diesen Menschen, die – aus welchen Gründen auch immer – in die Obdachlosigkeit abgerutscht sind, ein Schattendasein am Rande der Gesell-

schaft führen und nicht mehr dazugehören, möchte ich eine Stimme geben.
Ihnen ist dieser Roman gewidmet.

Es ist nicht von der Hand zu weisen, dass wir in Zeiten der gesellschaftlichen Spaltung leben, wo zum einen der ausgesprochene Rechtspopulismus aller Gesellschaftsschichten wieder „salonfähig" geworden ist, rechte Parteien ihren Hass säen, deren Politiker den Holocaust leugnen und dafür sorgen, dass der Sprachgebrauch des Dritten Reichs in Deutschland wieder Einzug hält.
Bisher ist das Gros der Bevölkerung mit klarem Blick für Demokratie und gegen Rechts.
Hinzu kommt eine ungerechte Sozialpolitik, die immer stärker zunehmende Gentrifizierung in der Großstadt – profitabel für Investoren und Vermieter. Die Verlierer: alteingesessene Kiezbewohner mit geringem Einkommen, die verdrängt werden. Ein sozialer Abstieg, der vorprogrammiert ist. Und kein Ende in Sicht.

Glücklicherweise gibt es verschiedene Organisationen der Obdachlosenhilfe, der Kirchengemeinden und unzählige engagierte Menschen, die Hilfe anbieten. Das sind Ärzte, die kostenlos obdachlose Kranke behandeln, Sozialarbeiter, ehrenamtliche Mitarbeiter und Prominente, die sich seit Jahren unermüdlich für Obdachlose einsetzen. Ein unverzichtbares Engagement.

Handlung und Personen in „Der tiefe Fall des Herrn P."
sind frei erfunden. Bis auf J., den ich während meiner
Recherchen zum Roman in einem Restaurant ansprach, wo er die „Obdachlosenzeitung" verkaufte. J.
erzählte mir bereitwillig von seinem Leben und gab mir
sein Einverständnis, seine „Geschichte" mit verwen-
den zu dürfen. Aus ihm wurde „Herbert", der dem
Leser kurz in einem Obdachlosen-Café begegnen wird.
Seine positive und fröhliche Art hat mich sehr beeindruckt, und ich hoffe, dass alle seine Wünsche und
Träume in Erfüllung gegangen sind.

Bei Herrn P., dem Hauptprotagonisten, und einigen
anderen Romanfiguren geht es nicht nur um die gesell-
schaftliche Ausgrenzung, sondern auch um die eigene
Persönlichkeitsstörung, den Verlust des Vertrauens in
sich und andere Menschen, der die Zerstörung der
betroffenen Lebenswege deutlich macht.

Doch es kann immer einen Weg zurück in die Gesellschaft geben, solange man nicht den Glauben an
die Menschlichkeit verloren hat.

Heike Avsar

Irgendwo in der Ferne bellt ein Hund. Whiskey, der gerade noch ruhig neben mir lag, richtet sich auf, hebt seinen Kopf und beginnt zu jaulen. Sein ehemals schwarzes Fell ist stumpf und borstig, mit zahlreichen grauen Fäden durchzogen. Und doch wärmt mich dieser alte Hundekörper, jetzt, da die Tage kürzer und die Nächte immer länger werden.

„Ist gut, mein Alter, komm, leg dich wieder hin. Es ist kalt", sage ich und klopfe ihm den Rücken. Der Hund neigt seinen Kopf, schaut mich mit dem linken Auge schielend an. Das rechte Auge ist blind und nur noch eine ausdruckslose milchige Kugel.

Ich hebe die Wolldecke ein Stück an, Whiskey winselt kurz, dann schiebt er seinen Kopf halb unter meine Achsel und legt sich wieder neben mich.

Er ist alles, was mir aus meinem alten Leben geblieben ist. Mein Kopf scheint zerspringen zu wollen, wie so oft in letzter Zeit, wenn mich die Erinnerung überfällt. Ich lebe nur nach meinem Gefühl, in all den Jahren habe ich gelernt, nach dem Mond, dem Stand der Sonne, ihren Auf- und Untergängen die Zeit abzulesen. Was bedeutet schon Zeit? Sie ist so unwichtig geworden wie mein ganzes Dasein. Und doch brauche ich sie, damit ich weiß, wann ich meinen Schlafplatz in den Hausdurchgängen verlassen muss, damit man mich nicht als Penner beschimpft, um mich anschließend davonzujagen.

Mir bleiben noch etwa zwei Stunden, in denen ich etwas Schlaf finden kann. Meine Glieder schmerzen von der feuchten Novemberkälte. Nur dort, wo Whiskeys warmer Körper dicht an meinem liegt, ist es ein wenig erträglicher. Der Hundeleib hebt und senkt sich und ich lasse mich von diesem gleichmäßigen Rhythmus wieder in den Schlaf wiegen.

Hinter meinen geschlossenen Lidern zucken kleine Blitze. Ich sehe alles wieder vor mir, höre ihre Schreie, als sie versuchen, den Flammen zu entkommen. Bis die Schreie verstummen und nur noch das Knistern des Feuers zu hören ist.

Was wissen die Menschen in dieser Stadt schon von mir? Sie verachten mich, ohne mich zu kennen. Ein Penner – einer von vielen. Ein Obdachloser, ein Trinker, obwohl ich nur selten zur Nacht einen Schnaps benötige, um mich warm zu halten und um vergessen zu können.

Ich sehe die Kinder vor mir, das Engelsgesicht der kleinen Sophie mit den blonden Locken, wie sie ihre dicken Ärmchen um meinen Hals legt, wenn ich von meinen tagelangen Dienstreisen endlich wieder nach Hause gekommen bin. Ich rieche ihre Kinderhaut, fühle sie an meiner Wange, weich und zart. Ich sehe Christoph, meinen Sohn, wie er mir stolz seinen letzten Aufsatz mit einer roten Eins darunter zeigt. Sehe, wie seine braunen Augen strahlen. Höre seine Kinderstimme, wie er sagt: *Papi, wenn ich groß bin, möchte ich Tierarzt werden.*

Ich wuschele ihm durch das dichte braune Haar, das er von Karen, meiner stolzen, schönen Frau geerbt hat. Schließlich gibt er mir einen Gute-Nacht-Kuss, Sophie klettert von meinem Schoß und lässt sich von ihrer Mutter in den ersten Stock tragen, wo sich die Kinderzimmer befinden.

Ich höre, wie nach einer Weile oben leise die Türen geschlossen werden, sehe die schlanken Beine die Treppenstufen herunterkommen, erst die Füße, die in rutschfesten Socken stecken, dann die Waden, die Knie, die halb von einem dunklen, schmal geschnittenen Rock bedeckt sind, schließlich ihren schlanken Körper, ihren grazilen Hals, der aus einer hellblauen Bluse hervorschaut, den Kragen hochgeschlagen, die oberen Knöpfe geöffnet. Das ovale Gesicht mit den großen dunklen Augen, der fein geschnittenen Nase und dem immer lächelnden Mund mit seinen vollen Lippen. Ihr schulterlanges Haar wippt bei jedem Schritt.

Ich lege meinen Terminkalender zur Seite, beobachte, wie sie zum Kamin geht, mit dem Schürhaken in der Glut stochert und einige Holzscheite auflegt. Wie sie die Weingläser in der rechten, die Weinflasche in der linken Hand trägt, die sie mir zwinkernd reicht, damit ich sie öffne.

Ich höre das Klirren der Gläser während des Anstoßens, rieche ihr Parfüm, spüre ihre Lippen auf meinen. Ihre Stimme nur ein Flüstern – *Ich bin die glücklichste Frau der Welt.*

Whiskey scheint meine Unruhe zu spüren. Er zieht seinen Kopf aus meiner Achselhöhle hervor. Im fahlen Licht der Eingangsbeleuchtung sehe ich, wie er mich offensichtlich beobachtet. Schließlich legt er seinen Kopf auf meine Brust und beginnt zu winseln. Ich ziehe meinen Arm unter der Wolldecke hervor und kraule sein Fell, bis er sich beruhigt. So liegen wir beide in der morgendlichen Stille, bis der Schmerz in meinem Kopf und meinen Gliedern unerträglich wird.

Irgendwann höre ich das Öffnen eines Fensters, leise Musik dringt zu mir herunter, getragen vom matten Lichtschein aus diesem Zimmer, das die Dunkelheit des Hofs durchbricht.

„Komm, mein Alter, es ist Zeit, wir müssen gehen." Whiskey erhebt sich träge, streckt seine Vorderläufe, sodass sein Kopf fast den Boden berührt. Seine Augen sind für einen Moment geschlossen, als er gähnt. Nun richtet er sich auf und wedelt mit dem Schwanz, das Zeichen, dass er bereit ist für den neuen Tag.

Ich rolle Decke und Schlafsack zusammen, hole den Hundenapf aus meinem Rucksack und gebe etwas Wasser aus meiner letzten Wasserflasche hinein. Gierig säuft er. Doch er bettelt nicht um mehr. Er setzt sich auf die Hinterläufe und wartet, bis auch ich einen Schluck getrunken habe.

Ich rieche meinen eigenen Schweiß, der sich mit dem Geruch meiner ungewaschenen Kleidung vermischt.

Heute werde ich in das alte Schwimmbad zum Duschen gehen, so wie jede Woche, jeden Freitag. Es ist der einzige Luxus, den ich nicht ablegen kann, so sehr ich mich auch bemühe. Das Eintrittsgeld dafür verdanke ich der Einstellung der Menschen in dieser

Stadt, Einheimischen und Touristen. Das Durchstöbern der Mülltonnen und Papierkörbe nach Pfandflaschen ermöglicht mir das Überleben, obwohl ich nicht an meinem Leben hänge. Doch Sterben ist schwer. Ich habe es versucht.

Kapitel 1

Das graue Morgenlicht durchbricht allmählich die Dunkelheit der Nacht. Menschen eilen an mir vorüber, bemüht, den Bus oder die Straßenbahn zu bekommen, die sie zur Arbeit bringen. Autos, deren helle Scheinwerfer sich auf dem feuchten Asphalt spiegeln. Hundebesitzer, mit ihren angeleinten Hunden auf dem ersten Gang des Tages, missgelaunt ziehen sie an der Leine, wenn die Tiere schnüffelnd stehen bleiben. Auf der gegenüberliegenden Straßenseite flimmert die defekte Leuchtreklame einer Bäckerei. Die Stadt ist erwacht.

Mein Bild spiegelt sich in einer Schaufensterscheibe – ein großer Mann, leicht gebeugt von den schmerzenden Gliedern, von seinem Hab und Gut in einem Trecking-Rucksack auf den Schultern und der Last des Lebens. Das lockige Haar ein schmutziges, dunkles Blond, ungekämmt und bis auf die Schultern reichend. Die blauen Augen leer. Eine ausgebeulte, olivgrüne Cordhose, die braune Jacke zerschlissen, wie auch die für diese Jahreszeit viel zu leichten braunen Halbschuhe.

Whiskey schnuppert an meinem Bein, umkreist mich einmal, läuft vor, dreht sich nach mir um und wartet. Ich gehe dem Hund hinterher, meine Füße werden mich weitertragen, bis ich wieder ausruhen kann.

Ich weiß nicht, wie viele Kilometer ich schon gegangen bin in über sechs Jahren, in denen ich mein altes Leben hinter mir lassen musste, um der Erinnerung davonzulaufen.

Wir kommen an einem Supermarkt vorbei, der gerade beliefert wird, bevor sich die automatischen Eingangstüren für die Kundschaft öffnen werden. An dem Lkw wird die Laderampe heruntergefahren, die beiden Fahrer klettern in das Innere des Wagens, um die mit Lebensmitteln beladenen Paletten und Gitter-Rollcontainer auszuladen. Sie schieben sie polternd über das Kopfsteinpflaster des Gehwegs zur Toreinfahrt, die auf den Hof für die Lieferanten führt. Einer der Männer, klein und kräftig und nicht mehr jung, schaut einen Moment zu mir und dem Hund herüber. Er sieht müde aus. Jetzt richtet er seine Augen wieder auf die Ladung und verschwindet in der Hofeinfahrt.

Als er zurückkommt, fährt er das Leergut auf die Laderampe, lässt sie hochfahren und verschließt sie. Anschließend geht er um den Lkw herum, öffnet die Beifahrertür, klettert auf den Tritt und beugt sich ins Innere des Wagens. Als er sich von dort umdreht, begegnen sich unsere Blicke wieder. Er kommt auf mich zu, reicht mir etwas, das in Aluminiumfolie verpackt ist, lächelt und sagt: „Hier, nimm es, und gib deinem Hund auch was ab." Dann klopft er mir auf die Schulter und geht zurück, bevor ich etwas erwidern kann.

Ich höre, wie der zweite Fahrer zu ihm sagt: „Du brauchst es wohl, mit diesem Penner und seinem verlausten Köter dein Frühstück zu teilen."

„Halt deine verdammte Klappe, Mann!", antwortet der andere. Dann werden die Türen des Lkw zugeschlagen, der Motor wird gestartet und ich schaue auf die roten Rückleuchten des Wagens, bis sie aus meinem Blickfeld verschwunden sind. Ich schäme mich, Almosen anzunehmen, auch wenn ich hungrig bin. Whiskey hält seinen Kopf gestreckt und sieht mich leise winselnd an. Ich klopfe ihm den Rücken, sage: „Ist ja gut, mein Alter, wir werden gleich frühstücken." Wir gehen weiter, suchen einen windstillen Platz, wo wir ungestört vor den Blicken anderer essen können.

Nach etwa einer halben Stunde betreten wir ein Abrisshaus in einer ruhigen Seitenstraße. Muffiger Geruch und feuchte Kälte schlagen mir entgegen, als ich die Eingangstür öffne. Ich steige die Treppen bis in den ersten Stock empor, Whiskey dicht an meiner Seite. Mein Atem hinterlässt kleine weiße Wölkchen, die einen Moment lang in der Luft stehen bleiben. Ich stelle den Rucksack auf das Treppenpodest, nehme den Schlafsack heraus und breite ihn aus. Als ich sitze, klopfe ich neben mich, Whiskey folgt der Aufforderung und setzt sich. Gespannt reiße ich die Alufolie auf, der Geruch von frischem Brot und Wurst steigt mir in die Nase. In dem Paket befinden sich vier Scheiben Graubrot, reichlich belegt. Für einen Moment sehe ich den kleinen kräftigen Fahrer mit den müden Augen vor mir. Sehe ihn in einer Küche am Tisch sitzen, einen Becher heißen Kaffee vor sich, dessen Duft ich jetzt riechen kann. Eine zierliche junge Frau bereitet die Brote für ihn zu. Als sie sich umdreht, ist es Karens Gesicht mit den braunen Augen und dem lächelnden Mund.

Whiskey stupst mich an. Ich lege ihm die Hälfte der Brote auf den Schlafsack und gierig schlingt er seine Hälfte hinunter.

Appetitlos beiße ich in das Brot – obwohl ich hungrig bin. Whiskey beobachtet mich aufmerksam. Ich gebe ihm die zweite Hälfte meiner Ration. Doch er rührt sie nicht an.

„Komm, bist ein guter Hund. Friss nur mein Alter, komm, friss." Zweifelnd geht sein Auge zwischen mir und dem Essen hin und her. Dann wendet er sich ab, legt seinen Kopf auf die eingeknickten Vorderläufe und schließt die Augen.

Er ist stur. Genau wie ich. Und für einen Moment muss ich lächeln über seine treue Hundeseele. Also esse ich doch das zweite Wurstbrot.

Die alte Frau an der Kasse des Schwimmbads kennt mich und meinen Hund. Sie grüßt freundlich, nimmt das Geld für die Benutzung der Dusche entgegen, reißt dafür von der Eintrittskartenrolle eine Marke ab und reicht sie mir.

„Dein Herrchen kommt gleich wieder", sagt sie an Whiskey gewandt, der nun freudig mit dem Schwanz wedelt und zur Eingangstür zurückgeht, um draußen auf mich zu warten. Ich bleibe stehen, bis er sich neben die Tür gesetzt hat, dann gehe ich in Richtung der Duschen.

Stimmen und der Geruch nach Chlor dringen aus dem Schwimmbad zu mir, ich bin allein im Duschraum. Am Freitagmorgen ist noch nicht viel Betrieb in diesem alten Schwimmbad, einem der ältesten Hallenbäder der Stadt. Das ist auch gut so, denn als ich anfänglich freitagabends hierher ging, sahen mich einige Männer verächtlich an. Obwohl sie flüsterten, konnte ich sie sagen hören: „Das ist ja direkt ekelhaft, verboten müsste so etwas werden! Jetzt kommen die Obdachlosen schon in unsere Schwimmbäder, um ihren Dreck abzuwaschen. Da holt man sich ja sonst etwas." Ich stelle die Dusche an und lasse den warmen Wasserstrahl über meinen Kopf laufen. Es tut gut, die wohlige Wärme auf dem Körper zu spüren. Einige Minuten stehe ich einfach nur so da, das Wasser prasselt auf mich herab. Schließlich greife ich zu meinem Duschbad und seife mich ein. Zwei-, dreimal hintereinander. Als müsste all der Schmutz des Lebens weggewaschen werden.

Nachdem ich mich abgetrocknet habe, ziehe ich saubere Unterwäsche und Socken an. Einen muffig riechenden Pullover aus der Kleiderspende und eine ziemlich zerknautschte, aber saubere Hose, die mir ein wenig zu kurz ist. Einmal im Monat gehe ich in ein Waschcenter, um meine Kleidung zu waschen. Alles, was ich brauche, besitze ich in zweifacher Ausfertigung, auch eine Sommer- und eine Winterjacke.

Ich trete an den Spiegel und föne mein Haar, in dem noch immer der frische Geruch des Duschbads hängt. Anschließend rasiere ich mich.

Alt bin ich geworden, meine Haut wirkt im grellen Neonlicht fahl und grau, obwohl ich noch nicht einmal fünfzig bin. Ich trage die Rasiercreme auf und verteile sie mit einem abgenutzten alten Rasierpinsel. Die Klinge meines Rasierers ist stumpf, sodass ich mich einige Male schneide und mit dem Handtuch über die brennenden Wunden tupfe. In der Jackentasche habe ich noch etwas Kleingeld für das Abendessen in einer Wärmestube. Ich werde Flaschen sammeln müssen, um mir eine Packung neuer Einwegrasierer kaufen zu können.

Wie eitel ich noch immer bin. Dabei habe ich damals geschworen, in völliger Armut und Verzicht auf alle weltlichen Dinge zu leben. Um mich zu strafen. Selbst das Leben, das ich jetzt führe, ist noch viel zu gut für mich.

Ich war nicht bei ihnen, als es passierte. Damals war ich mit Geschäftspartnern in die Bar eines Hotels in München gegangen, wo wir nach dem Essen einige Gläser Wein tranken. Das machte es einfacher, mit einigen Frauen zu flirten. Ich hatte mein Mobiltelefon ausgestellt, um nicht gestört zu werden. Karen hatte eine Nachricht auf der Mailbox hinterlassen. Dass sie mich liebt und sich auf mich freue. Im Hintergrund war das Lachen der Kinder zu hören.

Ich sitze auf der braunen Holzbank der Umkleidekabine und starre auf die weißen Wandfliesen neben den Garderobenschränken. Karen und die Kinder lächeln mir von dort aus zu. Ich halte ihrem Blick stand, bis die Tränen meinen Blick verschleiern.

Whiskey wedelt freudig mit dem Schwanz, als er mich kommen sieht, dann springt er an mir hoch.

„Komm, ist gut, mein Alter, braver Hund."

Er schmiegt sich an mein Bein und ich bücke mich, um ihn zu streicheln. Dann machen wir uns auf den Weg durch die Stadt. Ich halte den Kopf gesenkt, damit ich nicht die Blicke der Menschen ertragen muss. Und doch spüre ich sie bei jedem Schritt. Wir nehmen den Weg durch einen Park, der jetzt, an diesem trüben Novembertag, fast menschenleer ist. Die Äste d Bäume und Sträucher sind kahl, hier und da noch vereinzelt braun gewordene, vermoderte Blätter, die im Wind flattern, als wehrten sie sich, abgeworfen zu werden. In der Ferne Hundegebell – Whiskey beginnt zu winseln, schaut zu mir auf und wedelt freudig mit dem Schwanz.

„Bei Fuß!", sage ich etwas strenger, als er versucht vorzulaufen, dem Gebell entgegen. Er bleibt stehen, schaut mich an und wartet, bis ich bei ihm bin. Ich bücke mich, hebe einen Stock auf und gehe auf den ersten Papierkorb zu, um ihn nach Pfandflaschen zu durchsuchen. Doch der Inhalt besteht nur aus Abfällen und Papier. Dann fällt mein Blick auf die kahle Hecke hinter der Parkbank – zwei kleine Wasserflaschen, achtlos weggeworfen, nach denen ich nun greife und sie in meinen Rucksack stecke. So umrunden wir den Park, bis wir an eine große Wiese kommen, wo sich einige Hunde tummeln. Abgeleint, die Besitzer ganz in ihrer Nähe.

Whiskey läuft zu ihnen, ich rufe ihn scharf zurück. Doch sein Instinkt ist stärker. Er schnuppert an einem gescheckten Terrier, der ihn freudig umtänzelt.

„Nimm deinen verdammten Scheißköter gefälligst an die Leine, du Penner!", ruft ein untersetzter Mann mit Goldrandbrille mir zu. Er nimmt die Hände aus den Taschen seines dick gefütterten Wildledermantels, bückt sich nach einem Stock und läuft auf Whiskey zu. Ich rufe ihn, doch er ist so glücklich in diesem Moment, dass er nicht pariert.

Der Mann ist schneller als ich. Ich schaue weg, als der Stock auf Whiskeys Rücken saust und zerbricht. Der Hund jault auf, bevor er winselnd zu mir gelaufen kommt.

Eine helle Frauenstimme ruft empört: „Warum haben Sie das getan? Verdammt noch mal, Sie haben doch selbst einen Hund!"

Ich höre den Mann schimpfen, Wortfetzen wie „Abschaum" und „verlaust" dringen zu mir, doch ich schaue weg und höre nicht hin. Eine rote Spur auf Whiskeys Rücken zieht sich warm und klebrig durch das borstige schwarze Fell. Ich gehe in die Hocke, berühre sie, meine Hand ist voll Blut. Whiskey zuckt zusammen und winselt.

„Dummer Hund, mein dummer Alter. Die Menschen sind schlecht. Warum hast du nicht gehört?" Er legt seinen Kopf auf meine Knie und schaut mich traurig an. Ich hole aus meinem Rucksack ein einigermaßen sauberes Hemd, öffne eine der gefundenen Pfandflaschen, in der sich noch ein kleiner Rest Wasser befindet, und befeuchte damit ein Stück des Hemdes. Damit tupfe ich vorsichtig über die Wunde. Whiskey jault einige Male kurz auf. „Ist gut, mein Alter, es ist gleich gut. Bist ein braver Hund."

Ich meide die Menschen, und doch muss ich um Whiskeys willen ihre Hilfe erbitten. Seine Wunde muss gereinigt werden, damit sie sich nicht entzündet. Er ist alt und ich möchte ihn nicht verlieren. Nicht, solange ich weiterleben muss.

Vor uns liegt ein weiter Weg. Am anderen Ende der Stadt befindet sich eine Notübernachtung, wo auch Hunde mit übernachten können. Einmal war ich dort, habe an der Tür gestanden, gemeinsam mit anderen Obdachlosen. Drogenabhängigen und Alkoholikern; Männern und Frauen.

Betrunkene und Leute auf dem Drogentrip werden nicht eingelassen, auch nicht in den Wärmestuben und all den anderen Einrichtungen in der Stadt, wo meist schon ab fünfzig Cent eine Mahlzeit inklusive Kaffee, Tee und alkoholfreie Getränke angeboten wird. Die Wärmestuben, geöffnet von November bis März, sind eine gute Sache – obwohl ich sie selbst in den kalten Monaten des Jahres nur sehr selten nutze. Ich möchte nicht auf Hilfe angewiesen sein. Das wäre zu einfach.

Außerdem wird dort zu viel gefragt. Ich möchte nichts von mir preisgeben, nicht einmal meinen Vornamen. Sie nannten mich dort den Mann mit dem einäugigen Hund.

Wir laufen weiter, obwohl meine Füße und der Rücken schmerzen. Ich könnte die U-Bahn oder den Bus nehmen, doch von dem bisschen Geld, das ich besitze, einen Fahrschein zu kaufen, wäre dumm. Viele Obdachlose benutzen die U-Bahn, auch ohne Fahrschein. Ich möchte keinen Ärger – weder mit den Kontrolleuren noch mit der Polizei. Heute werde ich kein Geld verdienen können, denn ich kann nicht mit Whiskey, der nur langsam neben mir hertrottet, durch die Straßen laufen, um nach Pfandflaschen zu suchen. Bevor wir in die Notunterkunft gehen, muss ich noch an den Ort, wo sich die Obdachlosen treffen, in der Hoffnung, dass heute das Arztmobil dort steht. Ich muss es versuchen. Ich weiß, dass es auch irgendwo ein Tierarztmobil gibt, doch der Veterinär kümmert sich eher um jugendliche Obdachlose und ihre Tiere.

Das Arztmobil sehe ich schon von Weitem, auch die Männer und Frauen, die in einer kleinen Schlange vor dem weißen VW-Bus anstehen. Vier Personen sind vor mir, drei Männer und eine Frau – angetrunken, ihre Haut aufgedunsen vom jahrelangen Alkoholkonsum. Die Frau ist höchstens vierzig Jahre alt, ihr dunkelblondes langes Haar strähnig und fettig. Sie trägt eine schmutzige rote Daunenjacke, die ihr viel zu groß ist. Die dünnen Beine stecken in einer abgewetzten, fleckigen Jeans.

Sie dreht sich zu mir um und sieht mich aus glasigen Augen an. Eine Alkoholfahne schlägt mir entgegen, ich sehe, dass ihr zwei Schneidezähne fehlen.

„Was hast du?", fragt sie mich lallend.

Ich zeige auf Whiskey und sage ihr, dass ich wegen ihm hier bin.

Sie lacht rau und bekommt einen Hustenanfall. Die anderen Männer drehen sich wieder weg. Einer von ihnen versucht eine Zigarette zu drehen, doch seine Motorik ist gestört, sodass es ewig dauert, bis er das Blättchen mit dem Tabak zusammengerollt bekommt. Dann leckt er zwei, drei Mal auf seine Hand anstatt auf das Blättchen. Ich wende mich ab.

Zwei Einsatzwagen der Polizei fahren an uns vorüber. Im hinteren Wagen sitzen zwei junge Burschen, die Köpfe gesenkt. Busse, Autos, Fahrradfahrer fahren an uns vorbei. Passanten schauen im Vorübergehen zu einer kleinen Gruppe Obdachloser, die in einigen Metern Entfernung mit Bierflaschen in der Hand den Lärm der Großstadt zu übertönen versuchen. Verwahrloste Menschen, die nicht mehr dazugehören. Mitleidig, angewidert betrachtet man sie. Nur nicht zu nahe kommen.

Die junge Frau vor mir betritt das Arztmobil. Ich sehe kurz in das Innere. Eine kleine Liege, Schubladen für Medikamente, zwei Sitze. Mehr Platz ist nicht vorhanden. Ich höre, wie die Frau sagt, dass ihr Verband am Schienbein vom Eiter durchweicht ist. Dann wird die Tür geschlossen. Whiskey schaut zu mir hoch, als würde er verstehen, dass wir hier warten müssen, damit ihm geholfen wird.

Nach einer ganzen Weile öffnet sich die Tür – ich höre den Arzt sagen, dass das Bein schon recht gut aussehe, im Gegensatz zu neulich. Sie solle unbedingt auch weiterhin zur Behandlung kommen. Dann entlässt er sie.

Der junge Arzt schaut zuerst auf mich, dann auf Whiskey. „Wo fehlt es denn?", fragt er.

Ich erkläre die Situation und bitte darum, Whiskeys Wunde zu desinfizieren, damit sie sich nicht entzündet. „Normalerweise behandeln wir keine Tiere." Er macht eine Pause, schaut von der Krankenschwester zur Sozialarbeiterin, die jetzt aufgestanden sind und auf Whiskey hinunterschauen. Entschlossen geht er an den beiden Frauen vorbei ins Innere des Wagens, streift sich Einweghandschuhe über, zieht die Schublade des Medikamentenschranks auf und entnimmt eine braune Flasche mit Flüssigkeit.

„Gabi, hilfst du mir mal?"

Die junge Krankenschwester lächelt mich für einen Moment an, dann schneidet sie etwas Mull zurecht und kommt aus dem Wagen geklettert.

„Wie heißt er denn?", fragt sie.

„Whiskey. Er heißt Whiskey."

„Ein seltsamer Name für einen Hund", lacht sie. „Aber irgendwie passt er zu ihm."

Ich würde ihr gern erklären, dass er früher Wuschel hieß und Christoph gehörte. Er kam als Welpe in unsere Familie. Karens Bruder Marc hatte ihn angebracht, als wir das Haus gekauft hatten. Als Wachhund, hatte er damals gelacht, als Karen sich dagegen wehrte, einen Hund im Haus zu halten. Schließlich hatte sie sich doch damit einverstanden erklärt, wenn im Garten eine Hundehütte aufgestellt würde. Christoph war damals noch nicht ganz drei Jahre alt.

Der Hund ist der Einzige, der überlebt hat. Weil er nicht im Haus war, als das Feuer ausbrach. Danach nannte ich ihn Whiskey.

„Hallo, ich rede mit Ihnen", lacht die junge Schwester. Ihre grünen Augen passen gut zu dem karottenfarbenen, kurzen Haar.

Ich entschuldige mich und gehe in die Hocke, um Whiskey festzuhalten. Der Arzt gibt etwas Jod auf einen Tupfer und reinigt die Wunde. Whiskey winselt und wehrt sich, und ich habe Mühe, den großen Hundekörper festzuhalten. Schwester Gabi geht ebenfalls in die Hocke und spricht beruhigend auf ihn ein. „Es ist gleich vorbei, Whiskey. Ist ja gut. Tapfer bist du. Ja."

„Ich muss um die Wunde herum ein Stück von seinem Fell abrasieren, dann gebe ich eine Wundsalbe drauf und verklebe die Stelle, damit kein Dreck rankommt." Der Arzt sagt es, ohne mich dabei anzusehen, und ich nicke nur. Dann nimmt er aus einer sterilen Tüte einen Einwegrasierer und rasiert vorsichtig um die Wunde herum das Fell ab. Whiskey winselt wieder und versucht, seinen Kopf in meine Armbeuge zu stecken.

„Seit wann leben Sie auf der Straße?", fragt mich die Sozialarbeiterin, eine dunkelhaarige Frau um die fünfzig.

Ich möchte keine Fragen gestellt bekommen, und doch muss ich ihr antworten. „Seit sechs Jahren", antworte ich knapp.

„Wenn Sie Hilfe benötigen, können Sie sich an mich wenden. In Ämterfragen, beim Ausfüllen von Papieren und so weiter. Wie heißen Sie eigentlich?"

„Danke, ich benötige keine Hilfe", sage ich etwas grober als gewollt.

Sie seufzt und belässt es dabei. Was denkt sie von mir? Dass ich weder lesen noch schreiben kann? Nur, weil ich auf der Straße lebe? Ich mag diese Mitleidstour nicht. Auch ihr würde ich gern erzählen, dass ich studiert habe und einmal ein gut verdienender Geschäftsmann war. Doch es geht sie nichts an. Das alte Leben liegt hinter mir.

„So, das war's." Der Arzt klopft Whiskey freundlich auf die Seite und steht auf. Dann streift er die Handschuhe ab, nickt mir zu und bittet den nächsten Patienten, der etwas abseits steht, ihm ins Innere des VW-Busses zu folgen.

Ich höre mich „Vielen Dank, Herr Doktor" sagen.

Er murmelt „Ist schon gut", ich nicke den beiden Frauen zu und bedeute Whiskey, mir zu folgen.

Ich höre, wie die Sozialarbeiterin zu Schwester Gabi sagt: „Ein äußerst verschlossener Mensch", doch Gabi antwortet nicht.

In einem Discounter kaufe ich für Whiskey eine Dose Hundefutter, ein großes Wasser, und für mich ein trockenes Brötchen und verstaue alles in meinem

Rucksack. Die Pfandflaschen gebe ich an der Kasse ab. Dann machen wir uns auf den Weg zur Notunterkunft.

Unterwegs kommen wir in eine ruhige Seitenstraße, wo sich ein verlassener Fabrikhof befindet, in dem ich schon öfter übernachtet habe, wenn ich in der Gegend war. Ich öffne die schwere, klemmende Hallentür, Whiskey und ich schlüpfen hindurch in den Schutz der Halle. Ich breite erneut den Schlafsack aus, öffne mit dem Dosenöffner die Hundefutterbüchse und gebe den Inhalt in den Fressnapf. Whiskey muss schon halb verhungert sein, und so frisst er, ohne ein einziges Mal aufzusehen, den Napf leer. Als er getrunken hat, legt er sich hin und schläft. Ich lasse ihn schlafen, esse mein Brötchen und beobachte ihn. Sein Körper hebt und senkt sich, ab und an gibt er leise Geräusche von sich, als träume er.

Meine Glieder und die Füße schmerzen, und ich friere. Ich nehme die Wolldecke aus dem Rucksack und breite sie über den Hund und mich aus. Dann lege ich mich neben Whiskey, um ein wenig auszuruhen.

Als ich die Augen schließe, sind sie wieder da.

Kapitel 2

Nie schien der angrenzende Wald bedrohlicher als jetzt, da er den sommerlichen Abendhimmel verdeckt – finster und nach den rußgeschwärzten Mauern des Hauses greifend. Karens roter Golf vor der Einfahrt, ein unversehrter, blutroter Fleck inmitten der Schwärze.

Ich spüre die Ketten wie kiloschwere Gewichte an meinen Füßen hängen, bei jedem schleppenden Schritt rasseln sie, in meinem Kopf hallen sie wider, als ich die Auffahrt zum Haus entlanggehe. Rechts und links des Kieswegs Beete voller Rosenstöcke, von Karen gepflanzt und gepflegt. Gelb, rosé und weiß die großen Köpfe der Rosen, die im lauen Sommerwind schwanken, als seien sie zu schwer für die Stängel mit den rötlichen Dornen und den saftigen grünen Blättern, die die Blüten zu halten versuchen. Ihr süßlicher Duft hängt für einen Moment in der Luft. Hinter den Beeten hellgrüner Rasen, an einem ausladenden kräftigen Ast eines Apfelbaums zwei Kinderschaukeln. Unter ihnen liegen gebliebenes Spielzeug.

Rote Dachziegel in der Ferne, aneinandergereiht wie die Einfamilienhäuser – zu weit weg, um ihre Bewohner zu kennen.

Karens Stimme klingt in meinem Kopf: *Ich liebe die Einsamkeit, lass uns dieses alte Haus mit seinem weitläufigen Anwesen kaufen. Hier kann Christoph frei aufwachsen inmitten der Natur, ohne dass sich jemand von*

Kinderlärm belästigt fühlt. Hier stört uns niemand. Lachend werden meine Bedenken weggeschoben.

Meine Hand zittert, als ich versuche, die Schlüssel in die Vorhängeschlösser zu stecken, um die von der Polizei versiegelte Eingangstür zu öffnen.

Ekelerregender Brandgeruch schlägt mir entgegen, vermischt mit dem Geruch des Todes. Von der Decke der Eingangshalle hängt in grauen Fetzen Wandfarbe herunter. Die noch feuchten Wände sind ein groteskes Muster aus Ruß und Löschwasser. Die Dielen knarren unter meinen Füßen – Kettengerassel.

Ich betrete den Wohnbereich: Der ehemals große weiße Teppich ein helles Schwarz, unterbrochen von den Stiefelabdrücken der Feuerwehrmänner, das Chromgestell der Sofaecke verzogen durch die Hitze des Feuers, die ehemals hellen Polster verkohlt. Alles scheint fremd.

Meine Hand fährt über den silbernen Bilderrahmen auf dem Kamin, das Glas des Rahmens ist zerborsten, das Foto bräunlich-schwarz, das Papier gewellt. Ich erkenne auf dem verkohlten Papier ein Stück von Sophies lockigem Haar, ein Bein von Karen, die Hand Christophs, die auf der Schulter seiner kleinen Schwester liegt. Ein Stück meines rechten Arms. Die Gesichter verbrannt. Meine Faust donnert auf den Kaminsims – Blut, das Knirschen von Glas.

Ich steige die Stufen in das obere Stockwerk hinauf. Die Türen der Kinderzimmer und des Schlafzimmers sind geöffnet. Das Namensschild aus Metall mit dem Schriftzug *Sophie* noch erkennbar. Das unter der

31

Dachschräge stehende Kinderbett, das Federbett mit der lustigen Bettwäsche zurückgeschlagen, als warte es darauf, benutzt zu werden. Unter der Rußschicht die einst leuchtenden Farben der Tiere auf dem Bauernhof – auf Stoff gedruckt. Auf dem Boden Sophies Lieblingspuppe, der kleine Tisch mit den Holzstühlen aufgeräumt zur Nacht. Am Schlüssel der Kleiderschranktür hängt ein kleiner gelber Rucksack mit aufgedruckten Blumen. Ehemals rosa Vorhänge flattern im Wind vor den fensterlosen Rahmen. Verbrannte Kinderträume.

Panisch renne ich die Treppen hinunter, die schweren Eisenketten schlagen bei jedem Schritt polternd in die Hacken.

Schwer atmend schlage ich die Eingangstür hinter mir zu. Mein Schrei durchbricht die frühabendliche Stille.

Whiskey leckt mein Gesicht, ich öffne die Augen, schiebe ihn von mir und versuche mich aufzurichten. Er sitzt auf den Hinterläufen so dicht vor mir, dass ich seinen säuerlichen Atem riechen kann. Den Kopf schräg gelegt, beobachtet er mich. In meiner Brust ist wieder das Rasseln, sodass ich einen Hustenanfall bekomme. Als es vorbei ist, gebe ich Whiskey etwas Wasser in den Hundenapf und auch ich trinke ein wenig aus der Flasche. Ich merke, wie zittrig ich auf den Beinen bin, als ich versuche aufzustehen. Doch ich muss weiter, bis zur nächsten Notunterkunft ist es noch ein Stück Weg durch die Stadt. Ich möchte die Unterkunft erreichen, bevor es dunkel wird.

Draußen auf der Straße weht ein kalter Wind, der Himmel voller grauer Regenwolken, prall gefüllt. Es ist nur noch eine Frage der Zeit, bis sie sich öffnen werden, um ihr kühles Nass über die Stadt zu legen. Ich schlage den Kragen meiner Jacke hoch und bedeute Whiskey, bei Fuß zu gehen. Passanten eilen an uns vorüber, die Köpfe gegen den Sturm gesenkt.

Als wir die Hauptstraße betreten, schalten sich bereits die Laternen an, ein Gewusel aus hupenden Autos, Radfahrern und Fußgängern. Menschen, mit Einkaufstüten beladen, treten aus den Geschäften, andere hinein, flüchtend vor dem Novembersturm. Lachende Kinder vor dem beleuchteten Schaufenster eines großen Spielzeuggeschäfts. Ein kleiner Junge, das Gesicht dicht an der Scheibe, eine elektrische Eisenbahn bestaunend, die in der Auslage ihre Runden durch die künstlich errichtete Schneelandschaft zieht.

Für einen Moment sehe ich Christoph vor mir, als er etwa so alt war wie dieser Junge. Ich trete an das Schaufenster und beobachte das Kind. Ein blonder Pony schaut unter der bunten Strickmütze hervor. Die Wangen vor Aufregung gerötet.

„Hören Sie gefälligst auf, meinen Sohn so anzustarren, das ist ja direkt ekelhaft!", empört sich die junge Frau, die die Hand des Kindes hält. Der kleine Junge schaut erschrocken zu mir auf. Sein Blick geht zu Whiskey. Bevor das Kind jedoch etwas sagen kann, wird es von seiner Mutter fortgezogen.

„Mama, der Hund von dem Mann hat ein kaputtes Auge", höre ich ihn zu seiner Mutter sagen. Die Frau dreht sich nach mir um und schaut mich verachtend an. Das Kind wiederholt seine Feststellung, doch ihre Antwort geht im Lärm der Straße unter.

Ich schaue auf die anderen Kinder neben mir, höre sie aufgeregt von Playmobil und Legosteinen sprechen, ihre ausgestreckten Arme zeigen auf die überfüllten Pyramiden von Spielzeugartikeln hinter der Schaufensterscheibe.

Christoph sitzt unter dem Weihnachtsbaum, ich sehe, wie er das bunte Weihnachtspapier von dem viel zu großen Paket aufzureißen versucht. Er stöhnt vor Anstrengung. Karen in ihrem dunkelroten langen Kleid setzt sich lachend neben ihn auf den Teppich, um ihm behilflich zu sein. Doch er schiebt ihre Hand fort und bekräftigt seine Entscheidung mit einem bestimmten „Mein!". Ich gehe noch dichter mit der Videokamera an ihn heran, filme seine leuchtenden Augen, die roten Wangen, seinen Mund, aus dem die rosa Zungenspitze schaut, die bei jeder Bewegung und jedem kraftanstrengenden Stöhnen über die Lippen fährt.

Whiskey stupst mich an, ich wische mit dem Jackenärmel über meine Augen, weil ich ihn in diesem Moment nur verschwommen sehe. Mein Herz schlägt viel zu schnell, ich verspüre einen leichten Schwindel. Ich muss weiter. Mit jedem Schritt, den ich mache, scheinen meine Beine mehr an Kraft zu verlieren. Und wieder setzt dieser verdammte Husten ein, sodass ich mich einen Moment nach vorn beuge und meine Hände auf die Knie stütze.

„He, kotz dich woanders aus!", höre ich einen aus der Gruppe der Jugendlichen rufen, die an einer Bushaltestelle warten. Grölendes Gelächter der anderen. Eine Mädchenstimme schreit grell: „Hör auf, Marcel, du Idiot! Lass ihn in Ruhe!"

In meinem Kopf dreht sich alles. Ich muss weiter.

Nach fast eineinhalb Stunden sind wir endlich da. Ein Weg, für den ich normalerweise höchstens fünfundvierzig Minuten benötige. Die Notunterkunft ist noch geschlossen, erst um neunzehn Uhr ist Einlass.

Ich beschließe, in die angrenzende Wärmestube zu gehen, über deren Eingangstür in gelben Schriftzügen *Café* geschrieben steht.

Ins Café dürfen nur angeleinte Hunde mitgenommen werden. Whiskey wehrt sich, als ich die Leine an seinem Halsband befestige.

„Komm, Alter, du weißt, dass wir sonst nicht hineindürfen. Ist gut, komm, sei brav."

Anklagend schaut er mich mit dem linken Auge an, ich streichle beruhigend seinen Kopf. Gemeinsam betreten wir die Wärmestube für Obdachlose und Arme, um eine warme Mahlzeit zu bekommen.

Wohlige Wärme und eine Mischung aus vielerlei unangenehmen Gerüchen schlägt uns entgegen. Die meisten Plätze sind besetzt, ein einzelner Tisch in der Ecke am Fenster ist noch frei. So gehe ich dorthin, stelle meinen Rucksack ab, sage „Platz, Whiskey" und

binde die Hundeleine am Tischbein fest. Am Nebentisch sitzen vier kartenspielende Männer. Einer von
ihnen – mit einem langen, grauen, ungepflegten Voll-
bart, das Gesicht vom jahrelangen Alkoholmissbrauch
rot und großporig – schaut kurz zu mir, dann wieder
auf das Kartenblatt in seiner Hand.

„Mach hinne, Wolle, schlaf nicht ein", sagt einer
seiner Mitspieler.

Ich ziehe meine Jacke aus und gehe nach vorn, wo
sich die kleine, selbst gezimmerte Theke befindet. An
der Wand hängt eine schwarze Tafel, auf der die heutigen warmen Speisen notiert sind. Ein ehrenamtlicher
Mitarbeiter grüßt mich, ich erwidere seinen Gruß, dann
gebe ich die Bestellung auf.

Obwohl er mir den Rücken zugewandt hat, beginnt
er ein Gespräch. „Kalt heute, was? Na ja, ist ja auch
schon November. Ich hab dich schon mal hier gesehen,
oder irre ich mich?" Als er sich zu mir umdreht, schaut
er mich an. Er hat ein kräftiges offenes, freundliches
Gesicht, sein Haar schon ergraut, ich schätze ihn auf
Ende vierzig. Das helle Sweatshirt, das er trägt, spannt
ein wenig über dem runden Bauch, es ist voller roter
Spritzer von der Nudelsoße, die mit auf der Tafel steht.

„Ja, ich war schon mal hier", antworte ich knapp.

„Hab dich an dem einäugigen Hund erkannt", lacht er.

„Wie war noch mal dein Name? Ich bin übrigens
Heinz." Er wischt seine Hand an der Hose ab und reicht
sie mir.

Überrascht erwidere ich die Geste. Ich möchte kein
Gespräch anfangen. Warum glauben eigentlich alle,

mich einfach duzen zu können? Ja, natürlich, ich gehöre zum Abschaum. Ich überlege einen Moment, dann sage ich: „Paul, ich heiße Paul."

„Was hast du früher mal gemacht, ich meine beruflich, bevor du abgerutscht bist?"

„Ich rede nicht von dem, was früher war. Entschuldigen Sie bitte."

Erstaunt hebt er die Augenbrauen. „Sorry! Du, Sie, ich meine, wer hierherkommt, hat meist Redebedarf." Er schaut mich prüfend an. „Nun gut, man kann niemanden zwingen. Nur noch einen Tipp: Einzelgänger haben es noch viel schwerer, als es ohnehin ist." Er zeigt mit einer ausladenden Handbewegung auf die Männer und Frauen an den Tischen. Ich glaube nicht, dass er eine Antwort erwartet, deshalb schweige ich.

Die Luft im Raum ist stickig und verbraucht, mein Husten setzt wieder ein. Heinz reicht mir ein Glas Wasser, das ich dankbar schluckweise austrinke, bis der Hustenreiz nachlässt.

„Hört sich nicht gut an, Paul. Sie sollten zu einem Arzt gehen. Wenn das nicht behandelt wird, kann es böse ausgehen. Wenn es nicht sogar schon der Beginn einer Lungenentzündung ist."

„Ja, danke", antworte ich und nehme das Tablett, auf das er unser Essen und den Kaffee gestellt hat.

Ich zahle insgesamt 2,50 Euro von meinen fast zwölf Euro Besitz für einen Teller Möhreneintopf mit Brot und eine Frikadelle mit Kartoffeln, Gemüse und Soße für Whiskey. Und für einen heißen schwarzen Kaffee.

Dann nicke ich Heinz dankend zu und begebe mich an meinen Tisch.

Whiskey winselt leise, als er mich kommen sieht. Ich hole seinen Fressnapf aus dem Rucksack, quetsche Frikadelle, Gemüse und Kartoffeln und vermische sie mit der Soße. Dann gebe ich alles in seinen Napf. „Komm, Alter, friss! Friss dich satt!" Das lässt sich Whiskey nicht zweimal sagen. Ich höre, wie er schlingt, als hätte er seit Tagen nichts mehr zu fressen gehabt. Auch ich beginne zu essen. Ich habe keinen rechten Appetit, doch tut es gut, weil die warme Mahlzeit meinen Magen wärmt.

Ich beobachte die Menschen um mich herum. Armselige Kreaturen, die sich aufgegeben haben, zu schwach, um an ihrer Situation etwas zu ändern. Aus vielerlei Gründen in den Abgrund gerutscht. Mithilfe von Alkohol und Drogen haben sie das Vergessen gesucht.

Hier drin und in den Notunterkünften herrscht striktes Alkohol- und Drogenverbot. Wer sich nicht daran hält, muss gehen oder wird erst gar nicht eingelassen. Ebenso nicht die Leute, die Krätze oder Flöhe haben. Das muss erst behandelt werden, bevor sie mit anderen Obdachlosen ein Zimmer teilen.

Ich sehe auf die zitternden Hände der Männer und Frauen, Zeichen ihrer Abhängigkeit. Hinter dem Tisch mit den kartenspielenden Männern sitzen zwei Frauen und ein Mann, die Jacken schmutzig, das Haar ungewaschen, die Fingernägel mit einem schwarzen Rand. Eine der Frauen trägt eine Brille, der Bügel ist mit Klebeband umwickelt. Sicher war sie einmal hübsch, bevor der Alkohol ihr Gesicht gezeichnet hat. Sie raucht eine gedrehte Zigarette, bekommt davon einen Hustenanfall.

Ich schaue weg.

Am Tisch neben der kleinen Theke sitzt ein junges Pärchen, die Haare grün und strohgelb gefärbt. Sie schlingen das Essen in sich hinein, ihre Ellenbogen auf den Tisch gestützt, das Mädchen spielt mit den Fingern der einen Hand in ihren grasgrünen Haaren. Auf ihren abgewetzten schwarzen Lederjacken sind mit weißer Farbe alle möglichen Zeichen aufgemalt. Ein grinsender Totenkopf. Auf seinem Rücken kann ich lesen: „Arbeit ist Scheiße." und „Wir sind für Müll."

Ich zähle mich nicht zu diesen Menschen, und doch bin ich wie sie.

Am Ende des Raums befindet sich ein langer Tisch mit zwei ausrangierten Computern, die Gehäuse vergilbt. Fünf Personen drängen sich um die Bildschirme. Hier darf man kostenlos ins Internet, das lassen sich gerade die Jüngeren nicht entgehen. Aber auch den Älteren wird hier Hilfe beim Umgang mit den Behörden angeboten – sofern sie es denn wollen. Ich meide solche Angebote nach Möglichkeit. Das Flimmern der Bildschirme – wie lange ist es her, als ich glaubte, ohne diesen Fortschritt der Technik nicht leben zu können?

„Guten Abend, kann ich mich zu Ihnen setzen?"

Ich schaue auf und in das Gesicht eines älteren Mannes, unrasiert und müde.

Zaghaft nicke ich, schließlich sind noch drei Stühle frei – obwohl ich kein Gespräch anfangen möchte. Mit niemandem.

Er zieht den Stuhl zurecht, stellt seine schwarze Reisetasche neben sich und nimmt Platz. Für einen Moment schaut er unter den Tisch zu meinem Hund, dann lächelt er und nickt.

„Es ist nicht einfach, was?" Seine Hand berührt Whiskeys Kopf und streichelt ihn.

Ich sehe sofort, dass er anders ist als die anderen Obdachlosen. Seine Kleidung ist abgetragen, aber sauber, seine Hände sind gepflegt, das graue Haar ist ein wenig zu lang, wie bei uns allen. Doch er ist kein Alkoholiker. Er nimmt ein Buch aus seinem kleinen Rucksack und legt es auf den Tisch.

„Soll ich Ihnen noch etwas mitbringen? Einen Kaffee oder Tee?" Er ist aufgestanden und sieht mich an.

„Danke, nein, ich werde das Geschirr wegbringen, ich kaufe mir meinen Tee selbst."

„Oh, ich hatte nicht vor, Sie einzuladen, ich denke, wir sitzen hier alle im gleichen Boot." Lächelnd, ohne eine Antwort abzuwarten, geht er zur Theke. Ich schaue ihm nach. Sein Gang ist aufrecht und gerade. Er trägt einen langen, dunklen Wollmantel, ein wenig zerschlissen, und doch lässt er noch immer die einst gute Qualität erkennen. Selbst seine schwarzen Schuhe sind aus gutem Leder, ein wenig zerkratzt und abgelaufen.

Mein Blick fällt auf das Buch, das er auf dem Tisch zurückgelassen hat. Ein dunkler Ledereinband mit

Rückenvergoldung, und ich lese: *Michel de Montaigne – Essais Livre II.*

Mit zitternden Händen bringe ich das Tablett zurück. In meinem Kopf ist ein leichter Schwindel entstanden. Ich stelle mich neben den alten Mann, dessen Bekanntschaft ich soeben gemacht habe, und bestelle mir einen heißen Kamillentee.

„Na, hat es geschmeckt?", fragt Heinz und ich sage nur: „Ja, danke."

Der alte Mann dreht sich zu mir und lächelt mich nickend an, bevor er nach seinem Tablett mit dem Essen und einer Tasse Kaffee greift und zum Tisch zurückgeht. Als ich mich zu ihm setze, legt er gerade ein Stück Schnitzelfleisch in Whiskeys Fressnapf.

„Er hat sein Fressen schon gehabt", sage ich und höre an meinem Tonfall, dass er ärgerlich klingt.

Er antwortet nicht, sondern isst weiter. Nickend und stumm. Er macht mich nervös. Ein seltsamer Mensch.

Ich lehne mich zurück und schaue aus dem Fenster, an dessen Scheiben der Regen in kleinen Bächen hinunterläuft. Wie durch einen Zerrspiegel sehe ich auf den Hof hinaus, in dem sich prall gefüllte, dunkelgraue Müllsäcke stapeln, beschienen von einer Laterne. Eine verwitterte Gartenbank vor einer Hinterhofmauer, leere Blumenkübel, ein verrostetes Fahrrad ohne Vorderrad.

Als ich nach meiner Tasse greife und sie hochnehme, hinterlässt sie durch die Wärme einen runden, gekräuselten Abdruck auf der hellgrünen Plastiktischdecke. Der Duft von Kamille steigt mir in die Nase, ich schließe für einen Moment die Augen und nehme einen Schluck. Als der Tee meine Kehle hinunterläuft, bekomme ich wieder den Hustenreiz, deshalb stehe ich auf, um vor die Tür zu gehen, damit der alte Mann sich nicht gestört fühlt.

Die Luft ist kalt und feucht. Im Lichtschein der Eingangsbeleuchtung funkeln die Regentropfen wie polierte Glasperlen. Ich halte mein Gesicht für einen Moment gegen den Regen, öffne den Mund, sodass die Tropfen meine trockene Zunge befeuchten, bis der Hustenreiz nicht mehr zu unterdrücken ist und ich mich wieder nach vorn beugen muss, weil der Schmerz in meiner Brust so erträglicher ist.

Einige Minuten verharre ich hustend in gebeugter Stellung, bis der Husten nachlässt, dann richte ich mich auf und versuche tief durchzuatmen.

Erschöpft lehne ich mich an die Eingangstür und starre auf die alten Ahornbäume auf dem Hof, an deren fast gänzlich kahlen Ästen der Sturm zerrt, sodass sie sich hin- und herwiegen, als winkten sie mir zu.

Ein weiterer Obdachloser kommt über den Hof geschlürft, Haar und Kleidung durchnässt, in den Händen hält er vier große Plastiktüten, Wassertropfen perlen an ihnen herab. Für einen Moment schaut er mich mit müden, dunklen Augen an. Ich öffne ihm die Tür, er nickt zum Dank, auch ich gehe wieder hinein.

Der alte Mann an meinem Tisch ist bereits beim Kaffee, seinen geleerten Teller hat er zur Seite gestellt. Er hat sein Buch aufgeschlagen – vergilbte Seiten, die Frakturschrift auf dem hauchdünnen Papier teilweise verblasst. Als ich mich setze, nimmt er seine runde Nickelbrille ab, reibt sich über die Augen und legt die Brille auf das aufgeschlagene Buch. Er sieht mich an – beobachtend, so als warte er darauf, ein Gespräch zu beginnen.

„Geht's besser?", fragt er.

Ich nicke.

Whiskey hebt für einen Moment müde seinen Kopf. Als er sich vergewissert hat, dass ich wieder bei ihm bin, bettet er seinen Kopf auf das weiche Linoleum um weiterzuschlafen.

„Mein Freund, Sie sind sehr misstrauisch." Er beugt sich etwas vor, als könne ich ihn so besser verstehen. „*Das Zeitliche und Sichtbare hat nicht Bestand und Wert. Was unsichtbar und geistig ist, das nur ist fest und ewig.* Matthias Claudius, 1740 bis 1815." Er lächelt dabei und nickt. Seine grauen Augen fixieren mich.

Das Gesagte hallt in meinem Kopf wider und plötzlich sehe ich Karen, Christoph und die kleine Sophie vor mir. Sie rufen mich. Ich halte mir die Ohren zu, schließe die Augen. ‚Geht. Hier ist nicht der richtige Ort für Erinnerungen.'

Als seine Hand sich auf meinen Unterarm legt, öffne ich die Augen, ziehe meinen Arm unter seiner Hand hervor und wische mir mit dem Ärmel übers Gesicht.

„Es quält Sie, mein Freund."

„Wer sind Sie, dass Sie solche Zitate anwenden?"

Er lehnt sich lächelnd zurück, doch nicht, ohne mich weiter zu fixieren.

„Ich war – oder ich bin es noch immer, man bleibt wohl trotzdem, was man war, nicht wahr, mein Freund? Professor der Philosophie. Und Sie? Wer oder was sind Sie?"

„Mein Name tut nichts zur Sache. Sie können mich Paul nennen."

„Sie haben Ihr altes Leben abgestreift, deshalb auch Ihr Pseudonym. Paul ist doch Ihr Pseudonym? Gut, ich nenne Sie Paul. Wollen Sie meinen Namen wissen?"

Ich antworte nicht, und so lächelt er nur und sagt, ich solle ihn einfach Professor nennen.

Seine kräftigen Finger berühren die Seiten des Buchs. Fast schon zärtlich. Ich schaue auf die braunen Altersflecke, die sich – mal größer, mal kleiner – über seinen Handrücken verteilen. Plötzlich streckt er die Finger, sodass die gesamte Hand das Buch berührt, so als wolle sie es schützen.

„Kennen Sie de Montaigne, mein Freund?"

Ich schüttle den Kopf.

„Michel Eyquem Seigneur de Montaigne, sechzehntes Jahrhundert. Einer der großen Philosophen für die Welt. Ich bin ein glühender Anhänger seiner Studien, auch wenn einige bis heute strittig sind. Ich bin und bleibe wohl ein ewiger Philosoph auf der Suche nach Sinn."

Er schaut mich an, als erwarte er eine Antwort.

„Sie werden sich sicher fragen, mein Freund, was einer wie ich hier zu suchen hat?"

„Ich frage mich gar nichts", erwidere ich und erschrecke zugleich über die Härte in meiner Stimme.

„Ich bin das Wandern gewohnt. Mein ganzes Leben habe ich mich auf Wanderschaft begeben. Hatte Professuren für Philosophie an verschiedenen Universitäten, unter anderem auch in Frankreich, wo ich einige Jahre lebte. Bis es mich weiterzog. Anschließend probierte ich mich als wissenschaftlicher Mitarbeiter an Universitäten verschiedener Länder aus, um Lehrerfahrung zu sammeln. Einige Jahre lebte ich sogar in Japan, wo ich mich mit ostasiatischer Philosophie befasste. Doch der Schwerpunkt meiner Studien liegt in der Philosophischen Anthropologie und Ethik."

Er liest in meinem Gesicht, was ich wohl denke, doch ich halte seinem Blick stand.

„Wenn Sie mich als Objekt Ihrer Studien sehen, bin ich der Falsche."

An einem Tisch im hinteren Teil des Cafés ist ein Tumult entstanden. Heinz kommt hinter der Theke hervor und geht im Laufschritt auf die lärmenden Männer zu.

„He, he, he! Ihr wisst, wie die Regeln hier sind. Auseinander!" Er zerrt am Ärmel von einem der Streithähne, der ein leeres Glas in der Hand hält und sein Gegenüber bedroht.

„Verpiss dich, verdammter Hurensohn!", schreit der andere ihn an.

Heinz ist nicht schnell genug, sodass das schwere Colaglas auf den Kopf des anderen saust. Polternd fällt es zu Boden, ohne zu zerspringen. Der Getroffene hält sich für einen Moment den Kopf, dann versucht er wütend Heinz wegzuzerren, der jedoch wie eine Säule zwischen den Männern stehen bleibt. „Beruhigt euch, oder ihr geht. Dort vorn ist die Tür! Ich sage nichts zweimal, das wisst ihr!"

Aus dem angrenzenden Büro kommt eine junge Sozialarbeiterin, schaut kurz auf das Geschehen und geht zu dem Tisch hin. „Brauchst du Hilfe? Soll ich anrufen?"

„Schon gut, Jessie, ich glaube, einer der Herren hier benötigt etwas frische Luft, dann geht das schon wieder."

„Arschloch", sagt der Angegriffene.

„Es reicht, Freundchen. Raus! Wenn du dich beruhigt hast, kannst du wiederkommen. Es liegt an dir." Heinz greift nach seinem Arm, um ihn zur Tür zu begleiten. An die anderen Männer gewandt sagt er: „Wenn ihr euch nicht benehmt, könnt ihr gern mit eurem Kumpel etwas frische Luft schnuppern!"

Sie murmeln etwas Unverständliches, setzen sich wieder und schauen Heinz hinterher, der den sich Wehrenden zur Tür begleitet. Einen Mann mittleren Alters, das Gesicht wie bei fast allen Gästen vom Alkohol gezeichnet, aufgedunsen und rot. Auf der rechten Wange eine verschorfte Wunde. Sein Haar wirr in alle Richtungen stehend, die Kleidung schmutzig und abgenutzt. Als er ausspuckt, verstärkt Heinz seinen Griff. Wortlos öffnet er die Tür und schiebt den Mann hinaus. Dann begibt er sich wieder hinter den Tresen.

Jessie schaut betroffen, und ich frage mich, was einen jungen hübschen Menschen dazu bewegt, sich in diesem Umfeld aufzuhalten. Sie geht zu Heinz, stellt sich an den Tresen und unterhält sich flüsternd und gestikulierend mit ihm, wobei ihr schwarzer geflochtener Zopf hin- und herschaukelt. Heinz antwortet ihr freundlich, als wäre nichts geschehen. Sie nickt und begibt sich wieder in ihr Büro.

„Das wäre etwas für Ihre Studien", sage ich zum Professor und höre, wie gehässig es klingt.

Doch er lächelt nur.

„Sie sind verbittert, Paul", antwortet er und ich streiche mir über meine schmerzende Stirn.

„Entschuldigen Sie. Aber ich benötige keinen Seelenklempner."

„Ich bin kein Seelenklempner, Sie verwechseln da etwas. Ich betreibe Studien zur philosophischen Anthropologie, die sehr vielschichtig ist. Mich interessiert noch immer die Intersubjektivität, die Bedürftigkeit oder, verständlicher ausgedrückt, die Stimmungen wie Fröhlichkeit, Trauer und Leid des Menschen als wesentliche Elemente seines Seins. Weil es auch heute noch kaum thematisiert wird.

Unglück, Krankheit oder Schuld, all das sind Grenzsituationen, mit denen der Mensch als Einzelwesen konfrontiert wird. Und seine daraus resultierende Endlichkeit.

Lassen Sie es mich so erklären, Paul: Die philosophische Anthropologie ist, umfassend ausgedrückt, die Disziplin der Philosophie, die sich mit dem Wesen des Menschen befasst. Ich betreibe sozusagen Menschenkunde."

Wieder bekomme ich diesen verdammten Hustenreiz, sodass ich mich nach vorn beugen muss.

„Hier, nehmen Sie das, das wird Ihnen Linderung verschaffen." Die Hand des Professors liegt auf meiner Schulter und versucht, meinen Oberkörper aufzurichten. Ich setze mich wieder gerade hin. Er öffnet eine kleine silberfarbene Metalldose, nimmt ein helles fingerdickes Etwas, das wie ein Wurzelstück aussieht, heraus und hält es mir entgegen.

„Nun nehmen Sie schon. Sie müssen es sehr langsam kauen, nur so kann der Wirkstoff sich entfalten."

Unschlüssig strecke ich die Finger danach aus.

„Was ist das?"

„Ein Stück Wurzel der Bibernelle. Sehr wirksam bei Erkrankungen der Atemwege."

Ich stecke sie in den Mund und beiße vorsichtig zu. Sofort macht sich ein Ekel erregender Geschmack in meinem Mund breit, begleitet von einem scharfen, gewürzhaften Brennen.

„Oh Gott, wollen Sie mich vergiften?!" Ich bekomme kaum Luft durch den bockartigen Gestank, der mir in die Nase steigt.

„Es wird gleich vorbei sein, mein Freund. Kauen Sie, kauen Sie, nur so kann sich das ätherische Öl gut verbreiten."

Nach einer Weile lässt das Brennen nach, sodass ich mich zurücklehne und einige Male tief durchatme. „Wollten Sie mich umbringen?"

„Hätten Sie es gewollt?"

Ich antworte nicht und schaue ihn nur an. Er hat inzwischen seinen Mantel ausgezogen und ihn über einen der freien Stühle am Tisch gelegt. Aus der

Tasche seiner dunkelblauen geknöpften Strickweste, die er über einem Rollkragenpullover trägt, zieht er eine Taschenuhr, mit einem zart klingenden Ton springt der ziselierte Deckel auf, sodass ich die schwungvollen römischen Ziffern auf dem vergilbten Ziffernblatt erkennen kann. Dann lächelt er nickend, klappt den Deckel zu und steckt die Uhr zurück in die Westentasche.

„Ich muss gehen, die Notunterkunft öffnet bald", höre ich mich sagen. Noch immer habe ich den widerlichen Geschmack im Mund, deshalb greife ich nach meiner Tasse mit dem abgekühlten Kamillentee.

„Das sollten Sie jetzt nicht tun, mein Freund. Lassen Sie die Wurzel wirken."

Ich stelle die Tasse zurück auf den Tisch.

„Wollen Sie mir nicht noch ein wenig Gesellschaft leisten, Paul? Die Notunterkunft wird auch noch in ein, zwei Stunden für Sie offen stehen."

„Sicher, aber es gibt nur eine begrenzte Anzahl von Betten. Und ich muss wegen meines Hundes heute dort übernachten. Er hat eine Verletzung. Ich möchte, dass er es warm hat heute Nacht."

„Woher hat er die Verletzung?"

„Das tut nichts zur Sache. Sie beginnen mich auszufragen, Professor. Ich bin ein Einzelgänger und möchte es bleiben."

„Das liegt aber nicht in der Natur des Menschen."

Ich lache hohl, es klingt fast weinerlich, und darüber ärgere ich mich. „Ich brauche niemanden."

„Darf ich Ihnen kurz die Bedeutung der Intersubjektivität erklären?"

Als ich nicht antworte, fährt er fort: „Knapp ausgedrückt – der Mensch fühlt sich nun einmal von Geburt an mit anderen Menschen verbunden, und genau diese Verbundenheit schlägt sich in seiner psychischen Struktur nieder. Innen und Außen sind aufs Engste miteinander vernetzt."

„Das trifft vielleicht auf andere zu, nicht auf mich. Ich suche nicht die Gesellschaft anderer. Dass ich hier bin, ist eine der wenigen Ausnahmen. Es ist wegen Whiskey, das sagte ich bereits."

„Ihr Hund heißt Whiskey? Welch außergewöhnlicher Name. Sie sind kein Alkoholiker, das sehe ich. Sie sind ein intelligenter Mensch, der vor dem Leben davonläuft. Und vor der Konfrontation mit der Vergangenheit."

Da es keine Frage war, gebe ich keine Antwort.

„Ich muss gehen", sage ich und stehe auf. Whiskey hebt seinen Kopf, gähnt und schaut mich an. „Komm, Alter, es wird Zeit." Er streckt sich, gähnt wieder und kommt unter dem Tisch hervor.

„Paul, ich würde mich gern noch ein wenig mit Ihnen unterhalten. Sie können doch zur Notunterkunft gehen, sich einen Schlafplatz reservieren und wieder zurückkommen. Es ist so selten, dass man unter den Obdachlosen vernünftige Menschen trifft." Er sieht mich bittend an.

Ich weiß nicht warum, aber ich nicke. Vielleicht hat er ja recht mit seiner Theorie der Verbundenheit.

„Whiskey, Platz, schlaf weiter, ich bin gleich zurück." Whiskey schaut mich einen Moment zögernd an, dann geht er zurück unter den Tisch und legt sich wieder hin.

„Würden Sie einen Moment auf meinen Rucksack aufpassen?"

Der Professor nickt lächelnd.

Als ich vor die Tür trete, schlägt mir der noch immer kalte Wind entgegen. Doch es hat aufgehört zu regnen. Einen Moment bleibe ich stehen und atme tief durch. Diese verdammte Wurzel, deren ekelhaften Geschmack ich noch immer im Mund habe, scheint tatsächlich für den Moment zu helfen. Ich schlage den Kragen meiner Jacke hoch, um zur angrenzenden Notunterkunft zu gehen, als ich ihn liegen sehe. Zwischen den grauen Müllsäcken liegt der Mann, den Heinz am frühen Abend an die frische Luft gesetzt hat. Ich gehe zu ihm und beuge mich über ihn. Er schläft tief und fest. Die fast leer getrunkene Kornflasche fest umklammert.

Er wird sich den Tod holen, wenn er hier liegen bleibt. Manchmal ist das vielleicht besser für einen armen Teufel wie ihn. Doch es liegt nicht an mir, darüber zu richten. Deshalb gehe ich ins Café zurück, wo Heinz hinter der Theke sitzt und in einem Automagazin blättert. Als ich vor ihm stehe, blickt er auf.

„Ach, Paul, was gibt's denn? Noch einen Tee?"

„Draußen liegt der, den Sie vorhin rausgeschmissen haben. Zwischen den Müllsäcken auf dem Hof. Er schläft wohl seinen Rausch aus. Ich sage es nur, weil er sich, wenn er dort liegen bleibt, vielleicht den Tod holt bei dem Wetter."

„Verdammt, das hat mir grad noch gefehlt!" Er schmeißt das Automagazin in die Ecke, greift nach seinem Handy und rennt auf den Hof.

Draußen höre ich Heinz aufgeregt telefonieren. Es geht mich nichts an, deshalb begebe ich mich endlich zur Notunterkunft.

Es sind nur wenige Meter bis dorthin. Ich friere entsetzlich, als hätte ich Fieber.

Ich drücke auf den Klingelknopf, höre Schritte, die sich nähern.

Ein junger, langhaariger Mann öffnet mir. „Hallo, komm rein. Ich bin Lars. Lies dir vorher die Hausordnung durch, danach kommst du zu mir, ich bin hier im Büro." Er zeigt auf eine offen stehende Tür, durch die er auch gleich wieder verschwindet. Ich höre ihn leise telefonieren, lachen. Dann schaue ich auf die Hausordnung an der Wand.

Von den Schläfern sind folgende Regeln zu beachten:
- keine Gewaltanwendung und Gewaltandrohung
- keine sexuelle Belästigung
- kein Drogen- und Alkoholkonsum oder -besitz in
  unseren Räumen
- das Rauchen in den Betten ist strengstens untersagt
- ab 24 Uhr Bettruhe

Ich gehe zum Büro, klopfe an den Türrahmen, weil Lars noch immer telefoniert. Er dreht sich zu mir um und bedeutet mit einer Handbewegung, dass ich mich setzen soll. Als ich sitze, klingelt es erneut an der Tür.

„Ich muss Schluss machen, Dani, lass uns später nochmal telefonieren." Er schickt einen flüchtigen Kuss durch die Leitung und legt den Hörer auf den Apparat zurück.

„Bin gleich wieder da", sagt er entschuldigend, „… du siehst ja selbst, was hier los ist."

Er übertreibt, wie ich finde. Er könnte fast mein Sohn sein, so jung ist er. Es ärgert mich, dass auch er mich einfach duzt.

Das Büro ist klein, vielleicht fünfzehn Quadratmeter groß. Die Fenster sind mit braunen Vorhängen verdeckt, die bis zum Fensterbrett reichen. Ein weißer Schreibtisch, vier Stühle, kein PC, dafür aber jede Menge Aktendeckel und Papierkram auf dem Tisch. Die Schreibtischlampe blendet mich, deshalb stehe ich auf und drehe den schwarzen Lampenarm ein wenig in Richtung des Fensters.

Auf der einen Seite des Büros steht ein geöffneter Aktenschrank. Ich lese auf den Aktendeckeln *Einnahmen/Ausgaben* und die jeweiligen Jahreszahlen. In der unteren Etage Jahresbilanzen. Daneben eine eingestaubte schwarze Kaffeemaschine. An der gegenüberliegenden Wand ein Poster, auf dem ein heller, endloser Sandstrand, Palmen und türkisfarbenes Wasser abgebildet sind. Das Blau des Himmels verliert sich in der Farbe und Weite des Ozeans.

Lars kommt mit einer jungen Frau zurück, ich schätze sie auf Mitte dreißig, Sozialarbeitertyp – irgendwie sehen sie alle gleich aus mit ihren Birkenstockschuhen, Jeans und schlabberigen Sweatshirts, einige noch ein buntes Tuch um den Hals gewickelt, die Gesichter ungeschminkt. Sie stellt sich vor mich, nickt mir zu, sagt: „Hallo, ich bin Gudrun, wenn du Probleme hast, ich bin hier für die Beratung und Unterstützung bei den Behörden zuständig."

Ich stehe kurz auf, höre mich „guten Abend, Paul" sagen, dann setze ich mich wieder.

Lars lässt sich auf seinen Schreibtischstuhl fallen, lehnt sich zurück und schlägt die Beine übereinander.

„So, hast du die Hausordnung gelesen?"

Ich nicke und erkläre mein Anliegen, dass ich nicht nur für mich einen Schlafplatz benötige, sondern hauptsächlich für Whiskey.

„Eigentlich hättest du das vorher mit uns absprechen müssen, dass du deinen Hund mitbringst. Wir sind fast voll. Aber nun gut, jetzt, da du schon mal hier bist. Wir schicken nach Möglichkeit niemanden weg. Wenn noch mal was ist, wir sind tagsüber immer für die Leute ansprechbar. Von zehn Uhr morgens bis abends um elf."

„Das wusste ich nicht, danke."

Er schaut in eine Liste auf seinem Schreibtisch, trägt etwas ein und wendet sich wieder an mich.

„Wir finanzieren uns selbst, sozusagen ohne staatliche Förderung und in Eigeninitiative. Deshalb verlangen wir von den Schläfern pro Übernachtung einen Kostenbeitrag von einem Euro fünfzig. Ist das okay für dich?"

Ich nicke und schaue in sein jungenhaftes Gesicht mit den blauen Augen. Seine Gesichtszüge haben fast schon etwas Mädchenhaftes.

„Okay, ich erzähle dir jetzt noch, was wir dafür anbieten. Kostenlos.

Also, du hast hier Wasch- und Duschmöglichkeiten, gratis dazu Duschgel, Shampoo, Rasierzeug, et cetera. Wenn du Wäsche waschen willst, wir haben Waschmaschinen und Trockner. Dann kannst du unsere Kleiderkammer nutzen, musst vielleicht ein wenig stöbern, ob etwas Passendes für dich dabei ist. Ja, Internet ist auch kostenlos, ebenso die Beratung, die Gudrun dir vorhin angeboten hat. Ach, und eh ich's vergesse, die Betten habt ihr zu machen, ebenso werden die Zimmer ordentlich und sauber verlassen, genau so, wie ihr sie beim ersten Betreten vorgefunden habt. Alles klar? Hast du noch Fragen? Wenn nicht, zeige ich dir deinen Schlafplatz und die restlichen Räumlichkeiten. Frauen und Männer schlafen hier selbstverständlich getrennt."

Wir verlassen das kleine karge Büro, Lars geht vor und ich kann kaum Schritt halten, so schnell läuft er den Flur entlang. Dabei zeigt er auf die verschiedenen Türen, gibt Erklärungen ab, als könne ich die dort angebrachten Schilder nicht lesen. Toilette, Bad, Trockenraum. Dann biegt er um die Ecke und wir steigen eine Treppe hinauf in den ersten Stock. Dort öffnet er die zweite Tür auf dem Gang, betätigt den Lichtschalter und schiebt mich in das Zimmer. An beiden Wänden je ein Doppelstockbett, das Bettzeug abgedeckt mit braunen Wolldecken. Das Zimmer ein schmaler, länglicher Schlauch mit einem hohen Fenster ohne Gardinen – dafür aber mit Jalousien. Ein kleiner viereckiger Tisch, vier Stühle, schmale, hellgraue Metallspinde ohne Vorhängeschlösser. Die Deckenbeleuchtung eine längliche Neonröhre.

„Das Bett auf der rechten Seite ist noch frei. Kannst es dir aussuchen, ob du oben oder unten schlafen willst. Ich denke, unten ist besser, wegen des Hundes. Er kann sich dann vor dein Bett legen. Wo hast du ihn?"

Ich erkläre ihm, dass sich Whiskey und mein Rucksack noch in der Wärmestube befinden. Und dass ich etwas später wieder hierher kommen werde.

„Letzter Einlass ist dreiundzwanzig Uhr, also sei pünktlich. Um Mitternacht ist Bettruhe. Alles klar?"

Ich zahle die Übernachtungsgebühren – für Whiskey muss ich nichts zahlen – und begebe mich wieder in das Café.

Der Professor schaut kurz auf, als ich an den Tisch trete, dann vertieft er sich wieder in sein Buch. Deshalb gehe ich an die Theke und kaufe mir noch einmal einen Tee.

Als ich zurückkomme, nimmt er die Brille ab und sieht mich lächelnd an.

„Na, mein Freund, ist alles erledigt, was zu erledigen war?"

Ich erzähle ihm kurz von der Notunterkunft, dann schaue ich aus dem Fenster, weil mir wieder der Betrunkene einfällt, der vorhin noch zwischen den Müllsäcken lag.

„Wo hat man ihn hingebracht?", frage ich den Professor.

„Oh, ich denke, in ein Krankenhaus. Die Polizei und ein Notarztwagen waren hier. Man hat ihm eine Infusion gegeben. Arme Kreatur."

Ich antworte nicht darauf.

Als ich von meinem Tee trinke, setzt wieder der Hustenreiz ein.

„Sie sollten einen Arzt aufsuchen, bevor es akut wird oder sich eventuell zu einer Lungenentzündung entwickelt."

„Ich brauche keinen Arzt."

„Ich weiß, weil Sie nicht am Leben hängen. Es scheint Ihnen, so wie es jetzt ist, nicht lebenswert. Aber es ist immer lebenswert, mein Freund. Glauben Sie mir."

Ich beuge mich wieder nach vorn, um besser husten zu können. Ob es an dem Stück stinkender Wurzel liegt, dass ich jetzt abhusten kann?

„Scheint Ihnen denn Ihr Leben lebenswert?", frage ich und richte mich wieder auf.

Der Professor schaut einen Moment aus dem Fenster, als läge die Antwort dahinter verborgen.

„Ja. Ja, ich denke schon, dass mir mein Leben etwas bedeutet. Ich werde Ihnen eine Geschichte erzählen, mein Freund, vielleicht verstehen Sie dann die Bedeutung des Lebens."

Er lehnt sich zurück, schließt für einen Moment die Augen, als müsse er etwas aus seiner Erinnerung hervorholen, das er verschlossen hat.

„Ich muss sehr weit zurückgehen, zu der Zeit, als ich um vieles jünger war.

Damals hatte ich eine Professur an einer der bedeutendsten Hochschulen Deutschlands. Dort lernte ich Odette kennen – eine meiner Studentinnen. Lange Zeit bemerkte ich nicht, dass sie mich verehrte. Bis sie mich eines Tages ansprach, um mit mir über das Werk von Michel de Montaigne zu philosophieren. Ja – es war ein Philosophieren, kein Diskutieren."

Er schaut wieder aus dem Fenster, sein Lächeln jetzt voller Zärtlichkeit, sodass ich für einen Moment das Gefühl habe, diese Zärtlichkeit überträgt sich auf mich. Deshalb wende ich meinen Blick ab, weil ich in dieser Symbiose seiner Erinnerung überflüssig bin.

Die Männer am Nebentisch erheben sich. Polternd fällt ein Stuhl um, doch der Professor scheint es nicht einmal zu bemerken.

Ich schaue ihnen hinterher, wie sie gebeugt von der Last des Lebens das Café verlassen.

Im selben Moment tritt eine junge Frau durch die Tür, das Gesicht verweint. Ängstlich schaut sie sich um, bis sie den kleinen Tresen wahrnimmt, hinter dem Heinz auf einem Barhocker sitzt, vor sich einen Kaffee, in der Hand eine Zigarette, im Gespräch mit zwei obdachlosen Männern. Zögernd geht sie auf ihn zu und ich beobachte, wie Heinz die junge Jessie holt, die sie mit in ihr Büro nimmt.

Der Professor greift in die Innentasche seines Mantels, holt eine Brieftasche hervor und klappt sie auf. Hinter der Klarsichthülle steckt das Foto einer jungen, brünetten Frau. Sie sieht zart aus, fast zerbrechlich. Ihr schulterlanges glattes Haar umrahmt das helle Gesicht mit den melancholischen dunklen Augen, die viel zu groß scheinen für das schmale Gesicht. Ein zartes Lächeln liegt um ihren Mund – vorsichtig, ängstlich, traurig.

„Das ist Odette, meine Frau."

„Ihre Frau?"

„Ja. Wir sind gemeinsam nach Frankreich gegangen – Odettes Heimat. Durch einen Glücksfall hatte ich ein Angebot für eine Professur an der Sorbonne in Paris bekommen. Odette fühlte sich nicht wohl in Deutschland. Sie war anders als alle anderen jungen Frauen ihres Alters. Reifer, tiefsinniger, trotz ihrer Jugend. Verstehen Sie, was ich meine?" Er schaut mich für einen Moment an, dann auf das verblasste Foto in der Brieftasche.

„Bis ich Odette traf, lebte ich nur für meinen Beruf – nein, genauer gesagt war und ist es noch heute eine Berufung. Meine Studien waren das Wichtigste, sodass ich vergaß zu leben. Ich hatte Freunde, Gleichgesinnte, die wie ich ihr Leben der Philosophie, ihrer Materie, Form und Einteilung und den sich immer weiterentwickelnden Erkenntnissen verschrieben hatten.

Durch Odette lernte ich die Schönheit der Liebe kennen, von der ich vorher nur als Theoretiker sprach, las und schrieb. Sie veränderte und beeinflusste noch einmal meine Weltanschauung, für die ich bis dahin gelebt hatte.

Nach dem Abschluss ihres Studiums wurde sie mir mehr denn je Freundin, Geliebte, Diskussionspartnerin, Kollegin und Forscherin in einer Person.

Als Philosophin liebte sie wie ich unter anderem Michel de Montaigne. Doch als Frau die großen französischen Literaten Flaubert und Corneille, insbesondere Flauberts Madame Bovary, deren tragische Geschichte sie zu Tränen rührte – jedes Mal, wenn sie das Buch zur Hand nahm. Dann sagte sie über die Protagonistin, dass schon damals, im Ausgang des neunzehnten Jahrhunderts, eine romantische Idealistin an einer materialistischen Welt scheitern musste, das wäre auch heute nicht viel anders, nur eben in einer anderen Form."

Er schaut wieder für einen Moment zum Fenster, in dessen dunkler Scheibe die Deckenbeleuchtung des Cafés reflektiert, vermischt mit seinem Spiegelbild.

„Wissen Sie, mein Freund, ich erzähle Ihnen das nur, weil ich möchte, dass Sie wissen, dass wir niemals verloren sind. Egal, welcher Art auch immer die Prüfungen sind, die uns das Leben auferlegt." Er sieht mich wieder an und lächelt.

„Odette wollte aufs Land. In Paris fühlte sie sich immer öfter abgeschlagen, der Lärm und die Hektik der Großstadt machten ihr zu schaffen. Als Kind hatte sie die Ferien bei ihren Großeltern auf dem Land, in der Region von Burgund, verbracht. Wenn sie von dieser Zeit erzählte, blieb mir nicht das sehnsüchtige Verlangen in ihren Augen verborgen. So mieteten wir dort ein altes Haus mit einem großen Stück Land, nahe am

Waldrand gelegen – unweit des Hauses ihrer Großeltern, das die Familie nach deren Tod verkauft hatte und in dem ein Ehepaar mit seinen drei kleinen Kindern lebte. Ich habe versucht, das alte Haus zurückzukaufen, weil ich wusste, was es Odette bedeutete – doch meine Mühen waren umsonst."

Mein Husten ist nicht mehr zu unterdrücken, sodass ich mich abwenden muss. Whiskey schaut verschlafen zu mir hoch und beginnt leise zu winseln. Das Zeichen, dass ich mit ihm raus muss.

„Entschuldigen Sie, Professor, ich muss mit dem Hund raus, und mein Husten. Die Luft hier drin ist sehr stickig."

Er öffnet wieder die kleine Blechdose und reicht mir ein weiteres Stück Wurzel. „Nehmen Sie das, mein Freund. Auch wenn es abscheulich schmeckt."

Als ich zögere, nickt er mir aufmunternd zu. Schließlich nehme ich es und schiebe es mir in den Mund, wo sich augenblicklich der Ekel erregende Bockgeschmack mit seiner ganzen Schärfe ausbreitet, als ich zubeiße.

„Ich komme mit Ihnen, wenn ich darf, ein wenig frische Luft wird auch mir gut tun."

Er lacht hohl.

„Als hätten wir nicht genug davon, mein Freund. Wir, deren Zuhause die Straße ist."

Er beauftragt Heinz, einen Moment auf unsere Taschen zu achten, dann gehen wir hinaus. Whiskey läuft an den nächsten Baum, ich lehne mich an die Hauswand und huste, weil die Luft inzwischen schwer ist vom Geruch des feuchten, modrigen Laubs, und weil die Kälte des späten Abends mir fast den Atem nimmt.

Als der Anfall vorbei ist, schweigen wir einen Moment. Der Professor hat den Kopf zum Himmel gerichtet, der tief, schwarz und sternenlos über uns hängt.

„Geht es wieder?", fragt er und schaut mich an. Im Licht der Eingangsbeleuchtung wirkt sein Gesicht grau und fahl, die Bartstoppeln silberfarben.

Ich nicke erschöpft.

„Manchmal übernachte ich bei einer Gönnerin, einer Verehrerin. Einer zweiundneunzigjährigen Dame. Auf dem Dachboden ihres Hauses lagert mein gesamter Besitz an Büchern. Dort zwischen den Bücherkisten befindet sich meine Schlafstelle, eine ausrangierte Matratze."

Als ich zu einer Frage ansetze, gebietet er mir mit ausgestreckter Hand Einhalt.

„Ich weiß, was Sie sich jetzt fragen. Warum schlafe ich auf dem Dachboden? Ich möchte es so. Ich nehme nicht gern etwas umsonst." Er holt tief Luft.

„Drei gemeinsame Jahre waren Odette und mir noch vergönnt, nachdem wir aufs Land gezogen waren. Dann starb sie an einer besonders aggressiven Art von Leukämie. Das, was ich an finanziellen Mitteln besaß, habe ich für die besten Ärzte ausgegeben, in der Hoffnung auf Heilung." Er schaut wieder zum Himmel und lächelt.

„Nach Odettes Tod hielt mich nichts mehr in Frankreich. Ich habe mich in die Arbeit gestürzt, habe wieder meine Studien aufgenommen, um Trost zu finden. Von meinem letzten Geld reiste ich nach Japan, um mich mit der ostasiatischen Philosophie und dem Buddhismus zu beschäftigen. Nach einigen Jahren kehrte ich nach Deutschland zurück, weil meine Forschungen so weit vorangeschritten waren, dass ich sie weitergeben konnte. Ich habe nie für das Alter vorgesorgt. Sicher ein Fehler – doch was bedeutet schon materieller Besitz, mein Freund, nicht wahr?"

Ich sehe Karen vor mir, Christoph und Sophie – im Garten unseres Hauses. Dann mich, wie ich im Schutz der Dunkelheit vor dem Kirchenportal stehe, spüre meine Hand auf der geschwungenen, kalten Klinke, die ich langsam herunterdrücke, spüre das Gewicht der schweren Tür an meiner Schulter, als sie sich öffnen lässt.

Ängstlich gehe ich durch das Kirchenschiff, sehe den Altarraum am Ende des Schiffs, auf den ich nun zugehe. Spüre meine Hand, die in die Manteltasche greift, um die gebündelten Banknoten, die wie Feuer brennen, herauszuziehen, um sie unter die aufgeschlagene große Bibel auf dem Altar zu legen. Höre das Gebet, das ich spreche, und meinen Schwur, den ich Gott gebe, bis an mein Lebensende in völliger Armut zu leben, weil meine Schuld so schwer wiegt, schwerer, als ich sie tragen kann. Ich bitte nicht um Verzeihung, weil es kein Verzeihen gibt.

Whiskey schmiegt sich an mein Bein und ich kraule seinen Kopf.

„Gehen wir wieder hinein?", fragt der Professor und öffnet die Tür.

Als wir Platz genommen haben, fährt er in seinen Erzählungen fort.

„Bis vor ein paar Jahren gab ich als Privatdozent meine Kenntnisse an junge Studenten weiter. Doch jetzt bin ich zu alt, um Lehraufträge an Hochschulen angeboten zu bekommen. Außerdem bin ich in einem Alter, in dem die Freunde langsam wegsterben. Der Ehemann meiner Gönnerin war einst mein Doktorvater, auch er ist längst tot. Ich war für ihn mehr als nur sein Schüler, und das beruhte auf Gegenseitigkeit.

Seine Witwe ist mir wohlgesonnen, doch ich kann ihre Hilfe nur schwer annehmen. Mir genügt es, dass ich einen Schlafplatz für die Nacht habe und dass ich auf dem Dachboden meine Studien fortführen kann.

Ihre Tochter, eine Ärztin, die seit ihrer Jugend in Mailand lebt, weiß nichts von meiner Anwesenheit, ich habe darum gebeten zu schweigen, weil ich nicht möchte, dass ein falscher Eindruck entsteht.

Wenn sie mit ihrer Familie für einige Tage die alte Mutter und Großmutter besucht, lebe auch ich tagsüber auf der Straße. Ich bin zu alt, um in zugigen Hausfluren zu übernachten – und wohl auch zu stolz." Er lächelt.

„Ich weiß, mein Freund, was Sie denken. Doch glauben Sie mir, solange man noch Stolz in sich trägt, ist man nicht verloren. Erst wenn er gebrochen ist, hat man sich aufgegeben. Wir alle hier haben unser Schicksal. Jeder auf seine Art, jeder ein anderes." Er blickt sich um und macht eine ausladende Handbewegung.

„Doch jedem von uns scheint das eigene das härteste aller Schicksale. Natürlich. Ein logischer Gedankengang. Doch merken Sie sich eines: Hinter allem Negativen verbirgt sich auch immer etwas Positives. Man muss es nur herausfinden."

Stolz – welche Bedeutung hat er schon? Sicher, ich war einmal stolz auf das, was ich besaß. Karen, unsere beiden Kinder, das Haus, Erfolg im Beruf. Finanzielle Sicherheit. Beliebtheit. Stolz sein und Stolz besitzen, beides ist verloren gegangen. Nein, ein Rest von Stolz ist noch in mir, weil der Gedanke, zu den Verlierern zu gehören, noch immer schmerzt. Doch auch das wird vergehen, spätestens dann, wenn ich diese Welt verlasse.

„Ich muss gehen, Herr Professor, sonst ist mein Schlafplatz in Gefahr."

Ich packe Whiskeys Fressnapf ein und stehe auf.

Er lächelt wieder und nickt.

„Ja, mein Freund. Sie laufen davon. Nicht vor mir. Nein. Vor Ihrem eigenen Schicksal. Sie werden immer ruhelos zwischen dem Jetzt und dem Vergangenen wandern. Weil Sie verdrängen, sich schuldig fühlen, was immer Ihnen auch widerfahren ist. Ich wünsche Ihnen, dass Sie irgendwann Frieden schließen. Mit der Vergangenheit, mit sich selbst. Es ist nie zu spät, Paul – oder wer immer Sie auch sind. Vielleicht begegnen wir uns wieder. Es würde mich freuen. Passen Sie auf sich auf." Er ist aufgestanden, reicht mir die Hand und verbeugt sich.

Es berührt mich, dass ein alter Professor mir Achtung erweist.

Ich gehe, bevor ich es mir anders überlege und ihm von meiner Vergangenheit erzähle. Mein Schwur wäre gebrochen, ich kann es nicht.

Es ist bereits kurz vor halb elf, als ich die Notunterkunft betrete. Die Tür des kleinen Büros ist geöffnet, auf dem Flur stehen Männer und Frauen, Unterkunftsuchende für diese Nacht, oder, wer es sich leisten kann, für einige Nächte mehr. Lars kommt um die Ecke, schaut auf mich und meinen Hund, dann sagt er: „Du weißt ja Bescheid, wie war dein Name noch mal?"

Ich sage: „Paul, und das hier ist mein Hund Whiskey."

Lachend schüttelt er den Kopf. „Seltsamer Name für einen Hund. Seltsamer Hund, nimm's nicht persönlich." Dann winkt er einen der Wartenden in sein Büro.

Ich beschließe, auf mein Zimmer zu gehen, das ich in dieser Nacht mit drei weiteren Männern teilen werde.

Das Treppensteigen fällt mir schwer, trotz der beiden Wurzelstücke des Professors, die zwar den Hustenreiz für einige Zeit lindern, doch ich fühle mich wie ein alter Mann – müde und kraftlos.

Als ich die Zimmertür öffne, schlägt mir der Geruch von ungewaschener Kleidung und Körperausdünstungen entgegen, sodass ich für einen Moment versuche, nur durch den Mund zu atmen. Ich grüße die beiden

Männer, die auf den oberen Etagen der beiden Betten liegen. Kurz schauen sie zu mir herunter und erwidern den Gruß.

„Ich bin Hans", sagt der Mann auf dem Bett an der rechten Wandseite, der für heute Nacht über mir schlafen wird. Weil ich keinen Ärger haben möchte, nenne auch ich meinen Namen und stelle ihnen Whiskey vor.

„Ja, ein edles Gesöff, und du nennst deinen Köter danach", sagt der andere aus dem Bett gegenüber und lacht, bis er zu husten beginnt. Er setzt sich auf und lässt die Beine vom Bett baumeln. Seine dunkelgrauen Socken sind dreckig und löchrig, der Zehnagel, der aus einem Loch hervorschaut, schwarz. Angewidert drehe ich mich weg.

„Hast du 'ne Kippe?", fragt er mich und ich antworte, dass ich nicht rauche.

Er seufzt, klettert umständlich vom Bett herunter und zieht seine Schuhe an, die am Hacken heruntergetreten sind. Seine Kleidung ist dreckig, sein Haar ein dunkles, schmutziges Blond, obwohl in den Notunterkünften eigentlich darauf geachtet wird, dass keine Geruchsbelästigungen entstehen. So hoffe ich, dass er wenigstens noch den Duschraum aufsuchen wird.

Er kramt in den Taschen seiner braunen Winterjacke, findet ein wenig Kleingeld und verlässt murmelnd das Zimmer.

„Vielleicht findet er jemanden, der ihm 'ne Kippe verkauft – der raucht wie ein Schlot. Wenn er so weitermacht, beißt er bald ins Gras. Wie wir alle. Entweder die Leber oder die Lunge, oder beides."

Das hässliche Lachen meines Bettnachbarn verursacht mir eine Gänsehaut und ich antworte nicht darauf, sondern bedeute Whiskey, der mich abwartend ansieht, sich vor mein Bett zu legen. Meinen Rucksack stelle ich an das Fußende meiner Matratze und überlege einen Moment, ob es nicht sinnvoll wäre, meine schmutzige Wäsche waschen zu gehen, obwohl in einer Stunde Bettruhe ist. In den Waschcentern der Stadt müsste ich wieder fürs Wäschewaschen bezahlen und ich habe heute kein Geld verdient, nur welches ausgegeben. Doch darüber will ich jetzt nicht nachdenken.

„Redest wohl nicht mit jedem, was?", fragt Hans und schaut zu mir herunter. „Bist irgendwie 'n seltsamer Typ, kann mir nicht helfen. Denkst wohl, bist was Besonderes, hm? Mal 'n feiner Pinkel gewesen, was? Das Hochnäsige wirst du dir noch abgewöhnen, sollst mal seh'n, wie schnell das geht. Sitzt genauso in der Scheiße wie wir alle." Er lacht leise vor sich hin.

Ich sehe einen Moment zu ihm auf. Seine graublauen Augen sind wässrig, die Nase eine großporige, rotfleckige Knolle, die Zähne vergilbt, das graue, dünne Haar im Nacken mit einem Gummiband zusammengebunden. Sein linker Arm lässt auf der Unterseite ein Stück einer Tätowierung erkennen.

„Ich bin nicht hochnäsig, sondern müde", antworte ich, und er äfft mich kichernd nach. Deshalb beschließe ich, doch noch meine Wäsche zu waschen, weil ich keine Lust auf diese Art einer Unterhaltung verspüre.

Im Waschraum befinden sich drei Waschmaschinen und ein Trockner. Vor einer der Maschinen sitzt eine junge Frau im Schneidersitz auf dem Steinboden, den Rücken an das Bullauge gedrückt, die Augen geschlossen, als ließe sie sich vom gleichmäßigen Rhythmus der waschenden Maschine davontragen. Ihr Haar ist lang und lockig – ein feuriges Naturrot, das die Blässe ihrer Haut noch mehr hervorhebt. Ihre schlanken Beine stecken in einer relativ sauberen Jeans, die Füße in Sportschuhen, auf denen ich das Nike-Zeichen erkenne.

Ich sehe Karen vor mir, wie sie lachend stehen bleibt, den Oberkörper nach vorn gebeugt, die Hände auf die Knie gestützt. Sie ruft nach mir – *Das zählt nicht, mein Schnürsenkel ist aufgegangen!* Wie sie sich bückt, um den Senkel ihrer roten Sportschuhe zuzubinden. An der Seite des Schuhs die weißen Buchstaben Nike und das geschwungene Label. Ich jogge zu ihr zurück und bleibe trippelnd vor ihr stehen.

Als sie sich wieder aufrichtet, umarmt sie mich, ihre Lippen berühren meinen Mund. Sie flüstert: *Komm mit, ich zeig dir was, schließe deine Augen.*

Ich lasse mich von ihr mit geschlossenen Augen durch das Unterholz des Waldes führen, spüre ihre warmen, schlanken Finger, die um meine Hand gelegt sind. Sie sagt lachend: *Achtung, Füße heben, eine Wurzel*, oder *Kopf einziehen*, und ich antworte: *Du bist albern, Karen.*

Ich höre das Knacken der Zweige unter meinen Füßen, höre das Zwitschern der Vögel. Höre das Rascheln der Blätter, als sie die Zweige zur Seite nimmt, um uns einen Weg vorbei an den Büschen zu bahnen.

Dann bleiben wir stehen und ich frage, ob ich die Augen öffnen kann. Sie macht *pscht* und beginnt mich auszuziehen. Als ich nur noch in Unterhosen dastehe, sagt sie kichernd: *Augen auf.*

Ich sehe den klaren See mit seinem grünlich schimmernden Wasser vor mir, auf dem sich die Sonnenstrahlen spiegeln – kleine, glitzernde Punkte, die wie Funken sprühen, als der leichte Wind die Wasseroberfläche sanft schaukeln lässt. Sehe, wie sie sich auszieht, bis auch sie nur noch im Slip vor mir steht, lachend meine Hand nimmt, um mich ins Wasser zu ziehen. Ich spüre die Kühle des Wassers an meinen Beinen, das mir für einen Moment den Atem nimmt.

Wir lassen uns fallen, gleichzeitig, tauchen ab, und als ich unter der Wasseroberfläche die Augen öffne, Karens blasses Gesicht dicht an meinem, ihr braunes Haar ausgebreitet wie ein Fächer, durchströmt mich Zärtlichkeit.

„Hi", sagt die junge Rothaarige und reißt mich aus meiner Erinnerung. Sie senkt den Blick wieder und wischt sich mit dem Jackenärmel übers Gesicht.

Dann streckt sie die Hand nach Whiskey aus, er geht vorsichtig auf sie zu und lässt sich streicheln.

„Das ganze Leben ist Bullshit", sagt sie wohl mehr zu sich selbst, und deshalb weiß ich auch nichts auf ihre Feststellung zu antworten.

Als ich meine Wäsche eingefüllt habe, starte ich das Kurzprogramm. Das muss heute mal reichen, denn ich bezweifle, dass nach Mitternacht noch die Maschinen laufen dürfen. Etwas verloren stehe ich im Raum und sehe auf das Mädchen, das noch immer vor der laufenden Waschmaschine sitzt.

„Bist du öfter hier?", fragt sie und sieht mich an. Ihre Augen ein helles Grün, die Wimperntusche vom Weinen verwischt.

„Nein, ich bin heute zum ersten Mal hier. Wegen ihm." Ich zeige auf Whiskey.

Sie fragt nicht, sondern nickt und berührt sanft das Stück Mull, mit dem die Wunde verklebt ist. Dann legt sie ihren Kopf auf Whiskeys Rücken, dicht neben seiner Verletzung, schließt die Augen und beginnt leise ein Lied zu summen. Irgendwoher kenne ich es, doch es will mir nicht einfallen.

Whiskey bewegt sich nicht – nur sein linkes Auge sieht einige Male schielend zu mir auf, als wolle er fragen, ob das in Ordnung ist, so wie es ist.

Ich hole mir den kleinen weißen Plastikhocker, der hinten an der Wand unter dem Fenster steht, und setze mich vor die Maschine, in der meine Wäsche wäscht – dem rothaarigen Mädchen direkt gegenüber. Sie summt noch immer dieses Lied, ich schließe die Augen und versuche, mich zu erinnern.

Sie hat eine schöne, helle Stimme, für einen Moment schaue ich sie wieder an, ein leichtes Lächeln liegt um ihren Mund. Sie wirkt zart, fast kindlich, und ich frage mich, warum sie auf der Straße lebt.

Whiskey hat es sich inzwischen auf dem Steinboden bequem gemacht, das Mädchen liegt fast auf ihm drauf und summt weiter.

Ich bekomme wieder den Hustenreiz, stehe auf und öffne das kleine Fenster an der hinteren Wand. Zwischen Fenster und Wand hat eine Spinne ihr Netz gewebt, und ich frage mich, wie sie es geschafft hat zu überleben, obwohl wir schon November haben. Ich huste in die Nacht hinaus. Das Mädchen hat aufgehört zu summen und ich spüre ihre Blicke in meinem Rücken.

„Du solltest einen Arzt aufsuchen, bevor es schlimmer wird", sagt sie leise.

Als der Hustenanfall vorbei ist, schließe ich das Fenster und setze mich wieder auf den Hocker.

Whiskey hat jetzt seinen Kopf in ihren Schoß gebettet und schläft.

„Du scheinst etwas von Hunden zu verstehen, normalerweise ist er nicht so zutraulich."

Sie hebt den Kopf und lächelt mich traurig an. „Ich hatte auch mal einen Hund, einen Boxer, aber das scheint ewig lange her zu sein. Ich rede, als wäre ich eine alte Frau. Zumindest fühle ich mich so."

„Was macht ein junges Mädchen wie du in einer Notunterkunft? Hast du keine Freunde, bei denen du unterkommen kannst?"

Sie lacht. Bitter, wie ich finde.

„Wenn du unten bist, hast du keine Freunde mehr. Oder hast du noch welche?"

Ich schüttle den Kopf.

„Na, siehst du. Bis vorgestern habe ich noch bei einer Freundin gewohnt. Jetzt ist ihr Ex-Freund bei ihr eingezogen. Wieder einmal – so bin ich gegangen. Er ist ein verdammter Junkie, zieht sie in den Abgrund. Doch sie spricht von Liebe. Weil sie nichts Besseres kennt. Irgendwann einmal werde ich in der Zeitung lesen, dass sie die soundsovielte Drogentote der Stadt ist."

Ihre Augen schwimmen in Tränen und sie senkt ihren Blick.

„So etwas darfst du nicht denken."

„Es ist aber so. Sie kommt nicht mehr raus aus dem Teufelskreis. Dabei war sie schon einige Male clean. Immer dann, wenn sie Schluss mit ihm gemacht hat. Dann sprach sie davon, ein neues Leben zu beginnen."

„Nimmst du keine Drogen?", frage ich und erschrecke selbst über meine Indiskretion.

„Nein! Zumindest keine harten. Okay, ab und an mal zu kiffen, sehe ich nicht unbedingt als Drogenkonsum an. Das hat doch fast jeder schon mal gemacht. Du etwa nicht?"

„Doch, auf der Party zu meinem achtzehnten Geburtstag. Ich habe aber keine gute Erinnerung daran. Deshalb habe ich es nie wieder probiert."

Sie lächelt sanft und streichelt dabei über Whiskeys borstiges Fell. „Ich bin Gelegenheitskifferin. Wenn mir jemand einen Joint anbietet, ist es okay, wenn nicht, fehlt mir auch nichts. Ich gebe kein Geld dafür aus. Von dem bisschen, was ich habe, ohnehin nicht. Ich will nicht abrutschen. Verstehst du?"

Und ich nicke, weil ich sie wirklich verstehe, so paradox auch diese Aussage in ihrer jetzigen Situation ist.

„Ich sehe dir an, was du denkst", sagt sie und schaut mich an.

Ich antworte nicht darauf, deshalb spricht sie weiter.

„Meine Eltern ließen sich scheiden, als ich sechs Jahre alt war. Ich blieb bei meiner Mutter. Sie starb, als ich zwölf war. Ich hab sie gefunden, als ich aus der Schule kam. Mein Vater versuchte mir anschließend zu erklären, dass sie sehr krank war. Bloß hat sie leider nie darüber mit mir gesprochen. Ich war wütend, ganz furchtbar wütend auf sie. Obwohl ich sie sehr liebte. Aber ihr Tod kam so unverhofft, dass ich es lange nicht begreifen konnte, dass sie nun nicht mehr da war und mich einfach allein gelassen hat. Nach ihrem Tod bin ich zu meinem Vater und seiner Freundin gezogen. Sie mochte mich nicht, konnte nicht mit dieser neuen Situation umgehen. Wir stritten uns nur. Weißt du, was das Schlimmste für mich war?" Sie schaut mich an und ich schüttle langsam meinen Kopf.

„Dass sie mir vorwarf, wie meine Mutter auszusehen, und dass sie mich deshalb nicht ertragen könne."

Ihre Augen füllen sich wieder mit Tränen.

Ich würde sie gern trösten, sie in den Arm nehmen. Doch stattdessen sitze ich schweigend da und starre auf ihre roten Locken.

„Als ich zum ersten Mal von zu Hause abgehauen bin, war ich fünfzehn. Doch ich fühlte mich nicht frei. Im Gegenteil – ich war einsamer denn je. Tagsüber schnorrte ich mit anderen Jugendlichen, die auf der Straße lebten, irgendwelche Passanten an. Meist übernachteten einige von uns in kirchlichen Einrichtungen, wo wir auch etwas zu essen bekamen. Nach einem halben Jahr fand mich mein Vater und holte mich nach Hause zurück. Ich ging wieder zur Schule. Damals schwor ich mir, auf jeden Fall den Schulabschluss zu machen – für mich selbst und für meine Mutter. Der Freundin meines Vaters ging ich nach Möglichkeit aus dem Weg, was natürlich recht schwierig war in einer Dreizimmer-Mietwohnung. Sie ließ mich meistens in Ruhe, mein Vater hatte wohl mit ihr gesprochen. Doch ich spürte ihre Ablehnung mir gegenüber, auch wenn sie nichts sagte. Das war es ja. Sie sprach überhaupt nicht mit mir. Nur wenn mein Vater da war, tat sie, als hätten wir ein super Verhältnis zueinander. Irgendwann hielt ich es nicht mehr aus und lief wieder weg. So lernte ich einen zehn Jahre älteren Typen kennen, in den ich mich verliebte. Wenn ich traurig war, drehte er uns einen Joint, den wir auf unserer Matratze in einem dunklen Zimmer eines besetzten Hauses rauchten. Bis er eines Tages der Ansicht war, dass ich anschaffen gehen sollte. Als ich es ablehnte, schleppte er einen fetten Kerl an, der gut und gern mein Vater hätte sein können. Ich kotzte, als er anfing, an mir herumzufummeln. Da zog er sich an und verschwand, ohne mich weiter zu belästigen. Danach bin ich abgehauen, wieder zurück auf die Straße. Dort spürte mich dann irgendwann die Polizei auf und brachte mich zu meinem Vater zurück.

Ich beschloss, zumindest so lange nicht mehr abzuhauen, bis ich endlich meinen Abschluss in der Tasche haben würde, egal, wie sehr mich die Freundin meines

Vaters auch hassen würde." Sie schaut mich an. Traurig und auch etwas trotzig. Dann senkt sie wieder ihren Blick. Ihre Maschine ist schon längst fertig, doch ich wage nicht, sie darauf hinzuweisen.

„Du denkst sicher, dass ich es nicht geschafft habe. Was? Ich meine, meinen Schulabschluss."

„Ich denke gar nichts", sage ich und schaue sie an.

„Ich habe meinen Realschulabschluss mit Einskommazwei gemacht. Mein Vater war sehr stolz auf mich. Eigentlich wollte ich auch das Abi machen, doch die beiden hatten beschlossen, nach Spanien auszuwandern. Ein alter Traum von ihm, wie er seine Entscheidung zu rechtfertigen versuchte. Ich wollte nicht mit, und ich glaube auch heute noch, dass sie ganz froh darüber waren. So verschob er seine Abreise bis ich volljährig war. Drei Tage nach meinem achtzehnten Geburtstag verschwand er dann aus meinem Leben. Doch nicht, ohne mir vorher einen Ausbildungsplatz in dem Versicherungsunternehmen zu besorgen, in dem ein Freund von ihm ziemlich viel zu sagen hatte. Er hat mich nicht einmal gefragt, ob ich das wollte. Nach einem Jahr habe ich alles hingeschmissen. Ich habe es gehasst, wollte viel lieber etwas mit Musik oder Bildender Kunst machen. Oder mit Tieren – weil sie ehrlicher sind als die Menschen. Nur nicht dieser verstaubte, trockene Versicherungsscheiß.

Danach jobbte ich mal hier, mal da. Meist in Cafés und Kneipen. Ich lebte damals in einer WG mit zwei Jungen und einem Mädchen. Alles Studenten. Dort, wo sie standen, wollte ich eines Tages auch hin. Bis ich den Fehler machte und mich in meinen Mitbewohner David verliebte. Wir zogen schon bald in eine kleine Anderthalb-Zimmer-Wohnung. Ich ging weiter jobben, um die Wohnung einzurichten, unsere Miete und den Lebensunterhalt zu verdienen. Und schon bald wollte er nichts mehr hören von meinen Träumen. Eines Nachts, als ich von der Arbeit kam, lag er mit einem Mädchen in unserem Bett. Das musst du dir mal vorstellen!" Sie sieht mich kurz eindringlich an, dann legt sie ihren Kopf auf Whiskeys Rücken und beginnt wieder das Lied zu summen.

Hinter mir rauscht das Wasser durch die Spülkammer, das Ruckeln der Trommel hinter dem Bullauge lässt den kleinen Hocker, auf dem ich sitze, vibrieren.

„Noch in der Nacht hat er verlangt, dass ich gehe. Er hat meine Sachen gepackt und vor die Tür gestellt. Die andere hat mich nur angegrinst. Danach bin ich in ein tiefes Loch gefallen, und irgendwie bin ich noch immer nicht ganz herausgekrochen." Sie sieht mich nicht an, sondern spricht in Whiskeys Fell hinein.

„Denkst du, dass ich es schaffen werde?" Sie hebt jetzt ihren Kopf und ich sehe die Traurigkeit in ihren Augen.

„Sicher. Du bist noch jung. Wie alt bist du, wenn ich das fragen darf?"

Sie lächelt und wischt sich wieder mit dem Ärmel über die Augen. „Du bist ein Kavalier, ein feinerer Mensch als die meisten anderen, die auf der Straße leben. Das habe ich gleich erkannt."

Es ist mir unangenehm, von einem so jungen Mädchen ein Kompliment zu bekommen, und ich schaue schnell weg.

„Fast dreiundzwanzig. Ich bin am Heiligen Abend geboren. Meine Mutter sagte immer, ich sei ein Engel, ein Glückskind. Vielleicht war ich ihr persönlicher Engel, weil ich ihre Tochter war und sie mich liebte. Aber ein Glückskind? Dann wäre mein Leben doch wohl anders verlaufen."

„Vielleicht bist du doch auf irgendeine Art und Weise ein Glückskind."

Sie sieht mich stirnrunzelnd an.

„Na ja, weil du eine Kämpferin zu sein scheinst. Du wirst es schaffen, weil du nicht aufgeben wirst. Solange du noch Träume hast, ist es nie zu spät für einen Neuanfang."

Sie nimmt Whiskeys Kopf von ihrem Schoß und legt ihn sanft auf den Steinboden. Er blinzelt kurz und legt die Pfote über die Augen um weiterzuschlafen. Dann steht sie auf, öffnet das Bullauge und nimmt ihre Wäsche heraus.

Die Tür zum Waschraum wird geöffnet und Lars steckt seinen Kopf durch den Spalt. „Leute, es wird Zeit, in dreißig Minuten ist hier im Haus Bettruhe. Seht zu, dass ihr fertig werdet. Wenn ihr eure Zimmer betretet, versucht leise zu sein, damit ihr nicht die anderen Schläfer stört. Ich komme in ein paar Minuten nochmal vorbei."

Dann ist er auch schon wieder verschwunden.

Das Mädchen nimmt ihre Wäsche, legt sie in den Trockner und startet das Programm. Dann kommt sie wieder zurück und geht in die Hocke.

„Und du?", fragt sie. „Was ist mit dir? Hast du dich aufgegeben? Du, der du so gute Ratschläge geben kannst? Was ist mit deinen Träumen?"

Ich zucke zusammen und sie scheint es zu bemerken.

„Entschuldige bitte, es geht mich nichts an."

Ich antworte nicht, weil ich auch ihr gegenüber nichts von mir preisgeben möchte. Was soll ich ihr sagen? Dass ich mein Leben satt habe und nur zu feige bin, es selbst zu beenden? Dass ich nicht da war, als meine Familie verbrannte, nur weil ich noch mit einigen Geschäftspartnern in einer Bar feiern musste? Dass ich meinen gesamten Besitz verschenkt habe und freiwillig ein Leben auf der Straße führe, weil ich meine Schuld abtragen möchte? Ich habe Karen und die Kinder im Stich gelassen, sie, die das Wertvollste waren, das ich jemals besaß. Ich bin es nicht einmal wert, überhaupt zu existieren.

„Du bist noch jung", antworte ich stattdessen. „Du kannst dich nicht mit mir vergleichen. Das Leben liegt noch vor dir, meines ist schon weiter fortgeschritten."

Sie sieht mich mit zusammengekniffenen Augen an. „Du bist doch nicht alt. Jedes Leben ist lebenswert. Auch deins."

Ich antworte nicht, sondern öffne das Bullauge der Waschmaschine, weil das Programm beendet ist.

Das Mädchen nimmt ihre Wäsche aus dem Trockner, legt sie zusammen und stellt sich vor mich. „Du bist ein guter Mensch", sagt sie und küsst sanft meine Wange. „Danke fürs Zuhören."

Und ich nicke nur verlegen.

Sie beugt sich zu Whiskey hinunter und streichelt ihn noch einmal, bevor sie den Waschraum verlässt.

Für einen Moment starre ich auf die Tür, hinter der sie verschwand, dann lege ich meine Wäsche in den Trockner, starte das Programm und stelle den Hocker an die Wand zurück. Der Hustenreiz setzt wieder ein, so öffne ich das Fenster, steige auf den Hocker und halte den Kopf hinaus in die feuchte, kühle Abendluft.

Von der Straße her sind Stimmen und Autogeräusche zu hören. Ich schaue zum Himmel, sehe den Professor, sehe das blasse Gesicht des Mädchens mit dem roten, lockigen Haar vor mir. Als der Husten nachlässt, schließe ich das Fenster, nehme die fertige Wäsche aus dem Trockner und wecke Whiskey, der mich verschlafen anblinzelt und gähnt.

„Komm, Alter, es ist Zeit, komm, gleich kannst du weiterschlafen."

Er streckt sich, gähnt noch einmal und schmiegt seinen Kopf an meine Beine.

Als ich die Tür öffnen will, kommt mir Lars zuvor.

„Alles klar? Habt ihr die Maschinen ausgestellt?", fragt er und geht noch einmal hin, um sich selbst zu überzeugen, dass alles in Ordnung ist.

„Also, gute Nacht, bis morgen dann."

Als ich bereits an der Treppe bin, ruft er mir hinterher.

„Übrigens … "

Ich drehe mich noch einmal um. „Ja?"

„Bis spätestens morgens um zehn musst du die Unterkunft hier verlassen haben. Das sind die Regeln."

„Ja, danke", antworte ich und steige müde die Treppe hinauf.

Das Licht ist bereits gelöscht, als Whiskey und ich das Zimmer betreten. Für einen Moment lasse ich die Tür offen stehen, damit ein wenig Licht ins Zimmer fällt.

Ich sehe, dass auch das vierte Bett besetzt ist. Der Mann blinzelt in den matten Lichtschein, murmelt etwas Unverständliches, dann zieht er sich die Decke über den Kopf und dreht sich zur Wand. Ein Geruch nach Körperausdünstungen erfüllt den relativ kleinen Raum und nimmt mir fast die Luft zum Atmen. Ich weiß, dass ich mich daran gewöhnen werde, in einigen Minuten wird der Ekel nachlassen.

Als ich meine Wäsche verstaut habe, ziehe ich Schuhe und Strümpfe aus, stelle sie unters Bett und überlege einen Moment, ob ich mich entkleiden soll. Ich besitze keinen Pyjama und so beschließe ich, angekleidet zu Bett zu gehen.

Meine Augen gewöhnen sich allmählich an die Dunkelheit des Zimmers, sodass ich die Umrisse des spärlichen Mobiliars erkenne. Mein Bettnachbar über mir – wie hieß er noch gleich? Hans, ich glaube, er hieß Hans, ja. Er hat einen unruhigen Schlaf, sodass die Pfosten des alten Doppelstockbetts leicht schwanken und leise quietschende Töne von sich geben. Meine Hand sucht in der Dunkelheit Whiskeys Kopf und findet ihn. Ich spüre seine Zunge, die für einen Moment über meine Finger leckt. „Ist gut, Alter, komm, schlaf, ich bin bei dir. Sei schön brav." Ich lehne mich ein Stück aus dem Bett und kraule so lange sein Fell, bis er eingeschlafen zu sein scheint.

Obwohl ich müde bin, finde ich keinen Schlaf. Das Lied, das das rothaarige Mädchen gesummt hat, ist wieder in meinem Kopf. Ich höre ihre zarte, helle Stimme, und irgendwie tröstet mich die Melodie und lässt meine Lider schwer werden.

Kapitel 3

Durch die Gitterstäbe meines Betts schaue ich auf die Tür, auf die der Mond die Muster der bunten Vorhänge wirft. An der Wand das Regal mit den Spielzeugautos, den Bilderbüchern, meinem Teddy, dessen Augen in der Dunkelheit nur schwarze Punkte in seinem braunen Fell sind, die mich böse und kalt anschauen. Daneben ein hellgrauer kleiner Gummielefant, sein Rüssel in die Luft gestreckt. Auf dem Läufer vor meinem Bett meine Hausschuhe.

Ich fürchte mich so allein und beginne zu weinen, weil die Tür geschlossen ist, obwohl Mutter mir versprochen hat, sie einen Spaltbreit offen zu lassen. Von unten aus dem Haus höre ich sie lachen. Dann Vaters tiefe Stimme. Doch ich kann nicht verstehen, was sie sprechen. Mein Weinen wird lauter, verzweifelter. Warum kommt sie nicht? Immer mehr Schattenbilder entstehen an der Wand. Dunkle, lange Arme, die nach mir greifen.

Dann sind Schritte auf der Treppe zu hören. Mutters Schritte. Sie öffnet die Tür, kommt an mein Bett gelaufen. Ich stehe am Gitter und strecke die Arme nach ihr aus. *Pscht, mein Liebling, es ist gut, ich bin bei dir. Ist ja gut, mein kleiner Prinz, hab keine Angst.* Sie nimmt mich auf den Arm und streicht mir das verschwitzte Haar aus dem Gesicht. Erschöpft lege ich meinen Kopf an ihre Schulter, bis mein Schluchzen nachlässt. Sie trägt mich schaukelnd durch das Zimmer, geht an meinen Schrank und nimmt einen Schlafanzug heraus, um ihn gegen den durchschwitzten zu tauschen.

Ich sehe an mir herunter, auf die kleinen bunten Bälle, die auf den hellblauen Flanellstoff gedruckt sind. Dann trägt mich Mutter in mein Bett, deckt mich zu und streicht über mein Haar.

Als sie sich auf den Läufer vor meinem Bett gesetzt hat, greift sie durch die Gitterstäbe nach meiner Hand und beginnt zu singen.

Doch ich kann ihr Gesicht nicht erkennen, ich kann mich nicht erinnern. Nur an ihren Duft und ihr weiches Haar und an ihre warme, helle Stimme:

Schlafe mein Prinzchen, es ruhn Schäfchen und
Vögelchen nun.
Garten und Wiese verstummt, auch nicht ein
Bienchen mehr summt.
Luna mit silbernem Schein gucket zum Fenster hinein.
Schlafe beim silbernen Schein.
Schlafe mein Prinzchen, schlaf ein.
Schlaf ein, schlaf ein.

Rücklings liege ich in meinem Bett, starre in die Dunkelheit des Zimmers und spüre den Lauf der Tränen, die sich einen Weg über die äußeren Augenwinkel bis zu meinem Haaransatz suchen, um dann im Stoff des Kopfkissens zu versickern.

„Mutter", flüstere ich in die Dunkelheit und eine seltsame Wärme durchströmt mich, die mich irgendwann in den Schlaf wiegt.

Mitten in der Nacht werde ich wach durch das laute Schnarchen aus einem der Betten an der gegenüberliegenden Wand. Ich bekomme wieder den Hustenreiz, sodass ich mich aufsetzen muss.

Whiskey beginnt leise zu winseln und ich halte ihm die Schnauze zu, damit die anderen nicht gestört werden, obwohl das Schnarchen und mein Husten das Winseln übertönen.

„He, was soll das?", zischt Hans über mir verschlafen und beugt sich herunter.

Ich antworte nicht, sondern greife im Dunkeln nach meinem Rucksack, um die Wasserflasche herauszunehmen. Als ich sie finde, trinke ich ein wenig und der Husten lässt allmählich nach.

Erschöpft lasse ich mich auf das Kissen sinken.

Mutter. Ich habe keine Erinnerung an sie, auch nicht an Vater. Sie kamen bei einem Autounfall ums Leben, als ich noch nicht ganz sieben Jahre alt war. Danach kam ich zur Schwester meiner Mutter – Tante Margit, sie verstarb kurz vor meiner Hochzeit mit Karen.

Tante Margit sagte immer, ich sei ein pflegeleichtes Kind gewesen. Nur wenn sie mit mir über meine Eltern sprechen wollte, hätte ich mir die Ohren zugehalten, sodass sie mich irgendwann in Ruhe ließ. Ich kann mich erinnern, dass sie mir einmal ein Fotoalbum vorlegte, damit ich meine Eltern nicht ganz vergaß. Doch ich habe es ihr aus der Hand geschlagen und angefangen zu schreien.

Für einen Moment weiß ich nicht, wo ich bin, ein leichter Schwindel durchläuft meinen Kopf. Aus dem oberen Bett auf der gegenüberliegenden Seite steigt gerade umständlich und hustend der Raucher herunter. Er brubbelt etwas vor sich hin, ich schließe meine Augen, damit er nicht bemerkt, dass ich wach bin, weil ich keine Lust habe auf eine Unterhaltung mit diesem primitiven Menschen. Ich höre, wie er den Schleim hochzieht, die Jalousie betätigt, um das Fenster zu öffnen, und ausspuckt.

Dann kramt er in irgendwelchen Sachen, schlurft bis vor mein Bett und sagt: „Na, du hässliche Misttöle", und verlässt das Zimmer.

Ich hoffe, dass ich ihm nie wieder begegnen muss.

Whiskey schnuppert an meiner Hand und ich streichle seinen Kopf, obwohl ich die Augen noch immer geschlossen habe. Mir ist kalt, deshalb ziehe ich die Decke ein Stück höher. Ich bin müde, unsagbar müde. Dieser verdammte Husten zehrt an meinen Kräften.

Nach und nach erwachen auch die anderen beiden Männer. Hans kommt heruntergeklettert, bleibt vor meinem Bett stehen, sodass ich nur die Hosenbeine seiner abgetragenen Jeans sehe.

„Solltest was gegen deinen Husten machen, Kumpel, sonst krepierst du noch irgendwann daran." Sein Tonfall ist nicht böse noch vorwurfsvoll, deshalb setze ich mich auf und schaue zu ihm hoch.

„Ich weiß", antworte ich und er nickt.

Jetzt erkenne ich die Tätowierung auf seinem linken Unterarm – eine nackte Frau, darunter der Schriftzug

Rosi. Das Unterhemd, das er trägt, zerlöchert und fleckig, das Gummi, das seinen dünnen grauen Zopf zusammenhält, an die Seite verrutscht. Er geht an den Schrank, nimmt eine kleine Reisetasche heraus und begibt sich zur Tür.

„Werd mal wieder duschen. Shampoo und Rasierzeug gibt's hier ja gratis." Wie zur Bestätigung der Notwendigkeit fährt er sich mit der rechten Hand über die grauen Bartstoppeln.

„Man sieht sich", sagt er an mich gewandt und verlässt das Zimmer.

Der andere Mann setzt sich auf und blinzelt mich verschlafen an. „Guten Morgen, ich heiße Jürgen. Warst gestern nicht da, als ich hier einzog."

Er lächelt mich an. Jürgen ist klein und stämmig, vielleicht Anfang sechzig. Sein Gesicht rund und rosig, nicht wie das eines Alkoholikers. Er fährt sich durch den grauen Haarkranz und schaut von mir zu Whiskey.

„Paul. Ich bin Paul, und das ist Whiskey, mein Hund."

„Hab mir fast gedacht, dass es ein Hund ist", antwortet er und lacht.

„Guck nicht so böse, Paul, sollte ein Scherz sein. Bist wohl ziemlich misstrauisch, was?"

Da ich nicht antworte, steht er seufzend auf, zieht das Laken seines Betts gerade, schlägt die Decke zurück und schüttelt das Kissen auf. Dann geht er zum Fenster und öffnet es noch weiter.

„Ziemlich ungemütlich draußen. Die Kälte bekommt meinen Knochen überhaupt nicht. Deshalb brauche ich zumindest in der kühleren Jahreszeit ein warmes Bett, auch wenn's für unsereinen, der fast nichts besitzt als das, was er auf dem Leib trägt, teuer ist. Selbst die Einsfünfzig pro Nacht sind schon ein halbes Vermögen. Wer hätte das gedacht."

Er zieht einen der Stühle unter dem Tisch hervor, setzt sich und gähnt. „Du bist recht schweigsam, Paul. Wenn ich zu viel rede, sag's nur, dann halt ich meinen Mund." Er sieht mich an.

„Nein, das ist schon in Ordnung. Ich bin niemand, der große Gespräche führt. Ich lebe für mich allein. Das hier ist mal eine Ausnahme. Es ist wegen Whiskeys Verletzung, ich wollte, dass er es warm hat heute Nacht."

Er nickt.

„Ich höre trotzdem zu, wenn Sie Redebedarf haben", sage ich und höre, dass mein Tonfall fast mild klingt.

„Redebedarf. Das ist der richtige Ausdruck. Den hat wohl fast jeder von uns. Selbst die Trinker. So weit bin ich zum Glück nicht. Obwohl ich verstehe, dass sie trinken. Es macht natürlich nichts besser, aber wenn du so gar keine Hoffnung mehr hast, ist es für viele wohl das Beste, dieses harte Leben auf der Straße durch einen Nebelschleier zu sehen."

„Haben Sie denn noch Hoffnung?", frage ich und wundere mich auch gleich, warum ich ihm diese Frage überhaupt stelle. Er ist mir sympathisch, irgendwie hat es mich beeindruckt, dass er als Erstes sein Bett gemacht hat, noch bevor er richtig wach war.

Er steht auf, schließt das Fenster und zieht aus seiner Tasche eine bunt gemusterte Strickjacke, die er sich überzieht. Dann nimmt er den Stuhl und stellt ihn neben Whiskey, der vor meinem Bett sitzt.

„Na, mein Feiner, bist ein braver Hund. Hast es auch nicht leicht, ein wahres Hundeleben ist das." Er streichelt vorsichtig Whiskeys Kopf, der nun die Augen schließt und es sichtlich genießt.

„Hoffnung? Ja. Die Hoffnung stirbt zuletzt, nicht wahr? Ein alter Spruch, in dem viel Wahres steckt. So seltsam es auch klingen mag, ich warte darauf, dass ich älter werde. Ende nächsten Jahres bin ich dann sechzig. Mein Leben lang habe ich gearbeitet, vor fünf Jahren war Schluss. Ich war selbstständig, hatte eine Fliesenlegerfirma. Harte Knochenarbeit, oftmals sieben Tage die Woche, über viele Jahre hinweg. Nur, für die Rente vorzusorgen, habe ich verpasst. Die paar Jahre, die ich als junger Mann in die Rentenkasse eingezahlt habe, kann ich vergessen. Viel kommt dabei nicht heraus. Ich hatte vor vielen Jahren ein altes Mietshaus gekauft, das Alterskissen für meine liebe Frau und mich. Doch das Schicksal hatte wohl etwas anderes mit uns vor." Er schaut einen Moment zum Fenster und ich nutze die Gelegenheit, um etwas Wasser aus meiner Flasche zu trinken, weil ich den aufkommenden Hustenreiz spüre.

Whiskey schaut auf die Wasserflasche ohne zu betteln, und so gebe ich etwas davon in seinen Fressnapf.

„Ja, du hast Durst, nicht wahr? Trink nur mein Feiner, trink." Jürgen schaut lächelnd auf ihn hinunter und dann auf seine Armbanduhr. „Oh, es ist bereits halb neun, bis um zehn müssen wir hier raus sein. Gehst du auch nach nebenan ins Obdachlosen-Café zum Frühstück?"

„Ja, das hatte ich vor. Auch der Hund braucht etwas zum Fressen, bevor wir uns auf den Weg durch die Stadt machen." Ich weiß, dass ich jetzt mit Whiskey raus müsste, auch ich verspüre den Drang, eine Toilette und danach die Dusche aufzusuchen.

„Wenn du nichts dagegen hast, würde ich dir gern beim Frühstück Gesellschaft leisten." Er greift in seine Hosentasche und zählt das Kleingeld.

„Ich möchte nicht unhöflich sein und Sie unterbrechen, aber ich muss mit dem Hund raus, und ich möchte duschen und vielleicht noch die Kleiderkammer aufsuchen."

Er nickt lächelnd. „Ja, dann tu das. Wir sehen uns dann vielleicht im Café."

Nach der heißen Dusche fühle ich mich schon viel besser. Die beiden Frauen in der Kleiderkammer waren bemüht, eine relativ passende warme Winterjacke für mich zu finden. Meine ist doch schon recht zerschlissen. Auch Schal und Handschuhe habe ich bekommen. Nur passende Schuhe waren nicht dabei. Ich trage Schuhgröße sechsundvierzig, das größte waren Winterstiefel in vierundvierzig. So habe ich mir ein zweites Paar Socken angezogen, damit die Füße einigermaßen warm bleiben. Nun trage ich eine schwarze wattierte Winterjacke, zwei kleine Brandlöcher auf dem rechten Ärmel, durch die die weiße Wattierung schimmert.

Für einen Moment sehe ich Karen vor mir, wie sie vor dem geöffneten sechstürigen weißen Kleiderschrank unseres Schlafzimmers steht, vor sich blaue Müllsäcke, in die sie immer wieder Kleidungsstücke legt. Sie trägt einen hellblauen Hausanzug aus Nickistoff. Bei jedem Bücken rutscht die Kapuze der Nickijacke über ihren Kopf und sie dreht sich lachend zu mir um, weil ich noch im Bett liege und sie dabei beobachte. Ich höre, wie ich zu ihr sage: *Selbst im Hausanzug siehst du sexy aus.* Sie schmeißt zuerst meinen dunkelblauen Mohairpullover nach mir, springt dann übermütig ins Bett und küsst mich ab, bis ich vor Lachen kaum noch Luft bekomme.

Mein Lieblingspullover kommt nicht in die Altkleidersammlung, sage ich bestimmend und verstecke ihn unter der Bettdecke.

Sei nicht albern, er hat lauter Knötchen, gönne ihn doch einem armen Menschen, wir kaufen dir einen neuen. Dann hebt sie die Bettdecke an und beginnt mich auszuziehen. Ich will mich nicht erinnern, deshalb schließe ich die Augen und schüttle den Kopf, um die Gedanken fortzuschütteln.

Als ich mit Whiskey das Café betrete, winkt mir Jürgen von einem der hinteren Tische zu. Ich sehe mich kurz um, ob eventuell auch der Professor da ist, doch ich kann ihn nirgendwo finden. Seltsamerweise bin ich enttäuscht. Was hatte ich erwartet?

Ich erkenne einige Gesichter des Vorabends wieder. Sie schauen kurz von ihren Tellern auf, als ich an ihnen vorbeigehe, um Jürgens Einladung zu folgen, neben ihm Platz zu nehmen. Als ich meine Jacke ausgezogen und den Rucksack abgestellt habe, bedeute ich Whiskey, sich unter den Tisch zu legen. Dann gehen Jürgen und ich nach vorn, um uns Frühstück zu holen.

Heinz sieht recht müde aus, sodass ich mich frage, ob er überhaupt geschlafen hat, denn anscheinend betreibt er das Café allein. Trotzdem hat er ein Lächeln für uns übrig.

„Guten Morgen, was kann ich für euch tun?"

Ich schaue mich um und entscheide mich für vier halbe belegte Brötchen mit Wurst und Käse und schwarzen Kaffee. Für Whiskey nehme ich zwei Salami-Sandwiches. Insgesamt kostet mich das Frühstück zwei Euro fünfzig, aber ich will jetzt nicht darüber nachdenken, um wie viel mein Geld seit gestern geschrumpft ist.

Neben mich tritt ein jüngerer Mann und ich höre, wie er Heinz um etwas zu essen bittet, obwohl er kein Geld hat.

Heinz stellt ihm einen Pott Kaffee und zwei Sandwiches hin und sagt: „Lass es dir schmecken, vielleicht kannst du beim nächsten Mal etwas zahlen, du weißt ja, dass wir uns nur über Spenden finanzieren."

Whiskey sitzt schwanzwedelnd und winselnd vor seinem Fressnapf, beobachtet jede Bewegung meiner Finger, die sein Fressen zerkleinern. Doch er wartet bis ich fertig bin und zu ihm sage: „Nun friss, mein Alter, lass es dir schmecken."

Jürgen schaut ihm für einen Moment lächelnd zu.

Es tut gut, das Frühstück an einem Tisch einzunehmen, von einem Teller zu essen, heißen Kaffee aus einer Tasse zu trinken, Besteck und eine Serviette zu benutzen.

Fast hätte ich sie vergessen, diese Annehmlichkeiten des Lebens. Es darf nicht wieder vorkommen, dass ich wie ein zivilisierter Mensch unter Menschen lebe, mit ihnen gemeinsam Tisch und Zimmer teile. Ich habe es mir zu einfach gemacht, doch was hätte ich tun sollen? Mir ist bewusst, dass Whiskey ein anderes Leben verdient hätte. Er ist alt und müde und ein wenig zu mager, und trotzdem bringe ich es nicht übers Herz, ihn im Tierheim abzugeben, wo es ihm besser ginge, weil ich weiß, dass er eingehen würde ohne mich. So wie ich ohne ihn.

„Schmeckt es dir nicht, oder warum hältst du dein Brötchen in der Hand, als wartetest du auf ein Zeichen, endlich davon abbeißen zu dürfen?"

Jürgen klopft mir freundlich auf die Schulter.

Sein Appetit ist gut, er hat sich gleich sechs halbe belegte Brötchen genommen, und ich frage mich, wovon er das bezahlt – falls er ist immer so hungrig ist.

Als hätte er meine Gedanken gelesen, sagt er: „Weißt du, das Essen ist die einzige Abwechslung in meinem Leben. Wenn ich auch das nicht mehr hätte, gäbe es so gar nichts mehr, worauf ich mich freuen könnte.

Ich verkaufe selbst gemalte Postkarten. Man wird nicht reich dadurch, natürlich nicht, aber man kann überleben. Man hat zu essen und ein Dach über dem

Kopf. Mit meinem Rheuma kann ich nicht draußen übernachten, dann würden die Knochen und natürlich auch die Finger steifer, und ich brauche sie doch, um meine Karten zu zeichnen."

Er wischt die Finger an der Serviette ab, greift in seine Tasche, nimmt eine kleine rote Mappe hervor und schlägt sie auf. „Siehst du, das sind die Karten, die ich zeichne. Jede Karte ein Unikat, weil ich mir den Druck nicht leisten kann."

Ich lehne mich zu ihm hinüber und betrachte eine der Karten. Ein Wintermotiv, das einen mittelalterlichen Markt darstellt. Graublaue Wolken, halb verdeckt von einer imposanten Kirche, ein goldenes Kreuz auf der Kuppel thronend. Daneben Backsteinhäuser, die Dächer schneebedeckt wie der Boden des Marktplatzes mit all den kleinen Buden. Damen in langen Mänteln und mit Hüten, die Herren mit Zylindern auf dem Kopf, flanierend. Kinder, Holzschlitten hinter sich herziehend, die Köpfe in die Luft gereckt, die hohe, schneebedeckte Tanne auf der linken Seite des Marktplatzes bestaunend. Eine längst vergangene Zeit, detailgetreu festgehalten auf einem Stück Büttenkarton. In der unteren linken Ecke die schwungvollen Schriftzüge *Frohe Weihnachten und ein gutes Neues Jahr.*

„Das haben Sie gezeichnet? Es ist wunderschön. Warum machen Sie nicht mehr daraus?"

Jürgen lehnt sich zurück und schüttelt den Kopf. „Nein, es ist zu spät. Wäre ich jünger und wären die Zeiten anders ... " Er trinkt einen Schluck Kaffee.

„Es war immer nur ein Hobby. Ein Hobby, das über viele Jahre hinweg brachlag, weil einfach die Zeit fehlte. Ich sagte ja bereits, dass ich viel gearbeitet habe. Und wenn ich etwas Luft hatte, wollte ich für meine liebe Frau da sein. Sie hat sich nie beschwert, wenn sie allein zu Hause am gedeckten Abendbrottisch saß und auf mich wartete. Wenn ich oft erst gegen Mitternacht nach Hause kam, wärmte sie mir das Essen, hörte zu, ließ mir ein heißes Bad ein und ging erst zu Bett, wenn auch ich schlafen ging. Nie hörte ich sie klagen. Nie. Sie ist ein ganz besonders wertvoller Mensch. Mit sehr viel Herzenswärme."

„Ich dachte, Ihre Frau wäre … "

Er schaut mich erschrocken an. „Du dachtest, sie würde nicht mehr leben?"

Ich nicke.

„Oh nein, hörte es sich so an? Dann entschuldige bitte. Meine Frau lebt seit einigen Jahren in einem Pflegeheim. Ich konnte sie nicht mehr selbst pflegen. Das war das Schlimmste für mich, sie weggeben zu müssen. Das Mietshaus musste ich irgendwann verkaufen, weil ich finanziell nicht mehr ein noch aus wusste. Ich wollte nicht, dass sie in irgendein Heim kommt, wo man sich nicht um sie kümmert. Wo das Pflegepersonal fünf Minuten fürs Windeln und Waschen, drei fürs Haare kämmen, vier fürs Anziehen bekommt, eventuell zehn Minuten fürs Füttern. Keine Zeit für Zuwendungen und Gespräche." Er macht einen Moment Pause, sieht zur Seite und wischt sich mit der Hand über die Augen.

95

Ich stehe auf, um ihn einen Moment allein zu lassen und um für Whiskey und auch für mich etwas Wasser zu holen, weil der verdammte Husten nicht mehr zu unterdrücken ist.

Draußen auf dem Hof stehen einige Männer und unterhalten sich lautstark. Sie streiten um Geld.

Einer von ihnen zerrt einen kleinen schmächtigen Mann an der Jacke. „Versoffenes Arschloch, ich mach dich kalt!", schreit er ihn an, sodass der Angegriffene ängstlich die Arme vors Gesicht hebt.

Einer der Männer attackiert den Schmächtigen so lange mit Fußtritten, bis er auf den Boden fällt und wimmert.

Hinter mir wird die Tür aufgerissen, und ehe ich mich versehe, ist Heinz mit wenigen Schritten bei den Streitenden, um sie auseinanderzubringen.

„Wann kapiert ihr endlich, dass hier keine Schlägereien geduldet werden? Nicht im Café, nicht in der Notunterkunft und nicht auf diesem Grundstück, verdammt noch mal! Könnt ihr euch nicht wie normale Menschen benehmen? Auseinander, aber ganz schnell, bevor ich die Polizei rufe!" Aufgebracht zerrt er die Männer von dem Schwächeren weg.

„Der schuldet mir aber drei Euro, der Penner der! Wenn ich ihn erwische, mache ich ihn kalt, dieses Schwein!" Sein Gesicht ist wutverzerrt, der Alkoholpegel bereits am frühen Morgen hoch, denn er kann kaum gerade stehen.

Als mein Hustenanfall nachlässt, gehe ich ange-widert von diesen rohen Kreaturen ins Café zurück und warte, bis Heinz zurückkommt.

„Es sind immer wieder die Gleichen, die hier Ärger machen. Sie kapieren es wohl nie."

Heinz, noch immer aufgebracht, greift zum Telefon und bittet mich mit einer Handbewegung um einen Moment Geduld. Ich höre, wie er darum bittet, dass zwei Sozialarbeiter so schnell wie möglich vorbei-kommen, weil er unmöglich seine Augen überall haben kann. Als er das Gespräch beendet hat, gibt er mir für Whiskey eine Plastikschüssel mit frischem Leitungs-wasser und stellt auch für mich ein großes Glas Wasser auf die Ablage.

„Du solltest wirklich einen Arzt aufsuchen. Warte einen Moment, bin gleich wieder hier." Er geht in das angrenzende Büro und kommt kurz darauf mit einem Zettel zurück. „Hier, das ist die Adresse von einer guten Ärztin, die nicht versicherte Obdachlose be-handelt. Du solltest sie aufsuchen. Denk mal drüber nach."

„Danke, Heinz."

„Ist schon gut, mach's aber auch." Er klopft mir freundschaftlich auf die Schulter. Ich stecke den Zettel ein und gehe zu Jürgen und Whiskey zurück.

„Ich hoffe nicht, dass ich dich verscheucht habe. Es tut mir leid, es war nur ..." Jürgen sieht mich mit hochge-zogenen Augenbrauen an.

„Nein, natürlich nicht. Es war bloß der verdammte Husten. Sie müssen sich auch nicht bei mir entschuldigen, ich verstehe Sie."

Er nickt, greift nach der Wasserschüssel und stellt sie unter den Tisch, damit Whiskey endlich trinken kann.

„Du möchtest nichts von dir erzählen, nicht wahr?"

„Nein. Ich rede nicht über Vergangenes."

„Ich wollte nicht indiskret sein, Paul. Ich dachte nur. Ach, ist schon gut." Er winkt ab.

„Wenn es Ihnen hilft, können Sie gern weiter erzählen, es stört mich nicht. Das sagte ich ja bereits."

Für einen Moment schweigen wir beide und ich hoffe, dass ich ihn nicht gekränkt habe und er mein Verhalten nicht missversteht.

„Wo zeichnen Sie, wenn Sie auf der Straße leben?", frage ich, um das Schweigen zu unterbrechen.

„In Wärmestuben, wie diesen hier. Ich verstehe mich mit einigen Sozialarbeitern recht gut, und so stellen sie mir manchmal einen Raum im hinteren Bereich zur Verfügung, wo ich in Ruhe zeichnen kann, wenn es in den Aufenthaltsräumen zu laut wird. Sie waren mir auch schon behilflich, meine Karten an den Mann zu bringen. Nicht nur, dass sie sie selbst für den Eigenbedarf kaufen, nein, sie bieten sie bei Freunden und Bekannten und auf öffentlichen Veranstaltungen an. Das Stück für zweifünfzig."

„Das ist gar ja nichts für die viele Arbeit, die doch sicher drin steckt."

„Nein, reich werde ich damit nicht, aber es hilft zu überleben und um Stifte, Federn, Farben und Büttenkarton zu kaufen. Weißt du, ich bin zu alt, um durch Busse und Bahnen, Restaurants und Cafés zu ziehen, um Obdachlosenzeitungen zu verkaufen. Die Bewegung der Finger während des Zeichnens ist wie eine Therapie für mein Rheuma. Würde ich sie nicht bewegen, würden sie eines Tages versteifen."

„Sie übernachten nie draußen?"

„Nein, ich suche mir immer in verschiedenen Notunterkünften einen Schlafplatz für die Nacht. In den kostenlosen und in solchen wie dieser, wo wir heute Nacht geschlafen haben. So lerne ich die unterschiedlichsten Menschen kennen. Interessante und weniger interessante. Selbst auf Akademiker bin ich schon gestoßen. Auch auf obdachlose, alkoholabhängige Ärzte, die aus verschiedenen Gründen irgendwann abgerutscht sind. Kannst du dir das vorstellen? Ich meine, auch ich hätte es mir in meinen kühnsten Träumen nicht gedacht, dass ich einmal zu dieser Randgruppe gehöre. Ich hätte gelacht, hätte es mir jemand prophezeit. Wenn es dir gut geht, denkst du nicht an so etwas."

Karen – da ist sie wieder. Gerade habe ich die Zollkontrolle auf dem Flughafen passiert – die Automatiktüren öffnen sich, da sehe ich sie bereits. Lachend, mir zuwinkend, eine Hand auf ihrem Bauch, in dem Christoph heranwächst.

Sie trägt ein blaues Hängerkleid mit weißen Tupfen, in dem sie wie ein junges Mädchen wirkt, ihr Haar zum Pferdeschwanz gebunden. Mein Herz schlägt schneller, je geringer der Abstand zwischen uns wird.

Dann fällt sie mir um den Hals, flüstert *ich habe mich nach dir gesehnt* in mein Ohr. Ihre Lippen kitzeln, als sie spricht, und ein wohliger Schauer durchläuft meinen Körper.

Sie gibt mir den Autoschlüssel, sagt: *Fahr du, ich möchte neben dir sitzen und dich betrachten.*

Ich erzähle von der erfolgreichen Geschäftsreise nach Frankfurt und spüre meinen eigenen Stolz, weil wir es geschafft haben, auf der Sonnenseite des Lebens zu stehen.

„He, träumst du, oder was?"

Erschrocken blicke ich in das Gesicht eines älteren Mannes, der zwischen Jürgen und mir steht und mich mit einem fast zahnlosen Mund angrinst.

„Ich habe dich gefragt, ob du etwas dagegen hast, wenn ich mich einen Moment zu euch setze."

„Nein, Entschuldigung, natürlich nicht. Ich war gerade in Gedanken."

Er grinst mich noch immer an, zieht einen Stuhl unter dem Tisch hervor und setzt sich.

„Ich bin übrigens Herbert. Seit zehn Jahren auf der Straße, und nun …" Er macht eine längere Pause und klopft Jürgen übermütig auf die Schulter. „Jürgen, alter Junge! Ich habe eine Wohnung! Seit einer Woche schon!" Seine Augen leuchten und irgendwie liegt etwas Schelmisches in seinem Blick.

„Was? Hat es endlich geklappt? Ach, Herbert, das freut mich wirklich für dich!" Jürgen knufft ihn an den Oberarm.

Ich stelle mich vor und gratuliere ihm ebenfalls.

„Was wollt ihr trinken? Kaffee? Tee? Einen Saft? Sagt schon! Ein Nein akzeptiere ich nicht, also überlegt es euch!" Er steht auf und schaut freudestrahlend von Jürgen zu mir.

Ich möchte nichts von ihm, und auch Jürgen versucht ihn davon abzubringen, uns auf ein Getränk einzuladen.

„Wollt ihr mich kränken? Ich möchte doch nur meine Freude mit euch teilen, also, nun macht schon, sonst hole ich irgendwas."

Herbert wartet mit dem Fuß wippend auf unsere Bestellung. Er nimmt sein abgewetztes graugrünes Basekap, das am Schirm schon ganz fransig ist, vom Kopf, streicht über die lichten grauen Haarsträhnen und sieht uns wieder grinsend an. Irgendwie sieht er aus wie ein fröhliches zahnloses Baby.

So entscheiden wir uns jeder für ein Glas Saft. Zufrieden begibt er sich zum Ausschank. Ich schaue ihm hinterher. Er ist nicht sehr groß, vielleicht einssechzig, weder dick noch dünn. Seine schwarze Lederjacke alt und abgetragen wie die dunklen Hosen und die braunen, abgeschabten Schuhe.

„Weißt du, Paul, das ist das Schöne. Ab und an gibt es tatsächlich Menschen, die aus der Obdachlosigkeit herauskommen. So wie Herbert eben. Es kommt immer auf die Einstellung an, die man hat. Herbert trinkt nicht. Vielleicht mal ab und an ein Bier, wie jeder normale Mensch eben. Doch er weiß, wann er genug hat. Wir sind uns, glaube ich, vor gut zwei Jahren zum ersten Mal begegnet. Schon damals sagte er zu mir, dass er es schaffen möchte, irgendwann wieder ein eigenes Zuhause zu haben. Ich weiß, dass er oftmals von montags bis sonntags arbeitet. Er verkauft eine dieser vielen Obdachlosenzeitungen in der Stadt. Ein cleverer Bursche, der immer weiß, wo gerade größere Veranstaltungen sind – und schon ist er auf dem Weg dorthin, um seine Zeitungen anzubieten. Sein Vorteil ist, dass er gesunde Knochen hat, obwohl er in meinem Alter ist. Nun ja."

Jürgen unterbricht sich, weil Herbert das Tablett mit den Säften auf unserem Tisch abstellt. Als er sich gesetzt hat, nimmt er sein Basekap ab, greift nach einem Glas und sagt mit feierlicher Miene: „Na, dann trinken wir mal auf uns alle und auf meine Wohnung." Wir müssen mit ihm anstoßen, dann lehnt er sich zufrieden zurück und setzt sein Basekap wieder auf.

„Ist das dein Hund?", fragt er und schaut unter den Tisch, wo Whiskey liegt und bereits wieder schläft.

„Ja, er gehört zu mir."

„Ist auch nicht mehr der Jüngste, was? Die Tiere können einem leidtun. Ich hatte auch mal einen Hund. Einen Schäferhund. Damals, als ich noch verheiratet war. Das ist nun schon über zehn Jahre her. Der Gute wird inzwischen wohl bei den Englein sein." Für einen Moment schaut er nach oben zur Decke, bevor sein Blick wieder abwechselnd von Jürgen zu mir geht. Seine unglaublich fröhlichen, kleinen dunklen Augen faszinieren mich, weil ich selten einem Menschen begegnet bin, der mit den Augen lachen kann. Sie lenken sogar von dem fast zahnlosen Mund ab, der nur noch zwei gelbliche Eckzähne am Unterkiefer hat und den rosafarbenen Gaumen freigibt, wenn er lacht.

„Nun erzähl mal von deiner Wohnung, Herbert", fordert Jürgen ihn auf.

„Also, du weißt ja, dass ich immer gehofft habe, eines Tages durch die Hilfe vom Verein eine feste Bleibe zu bekommen." Er greift hinter sich an die Stuhllehne, nimmt den schmutzigen Umweltbeutel ab und stellt ihn auf seinen Schoß.

„Das hier, das hat mir zu einer eigenen Wohnung verholfen. In der gleichen Straße, in der sich die Redaktion befindet." Er klopft auf den halb vollen Beutel und strahlt uns an. Dann nimmt er eine seiner Zeitungen heraus und reicht sie mir über den Tisch. „Kennst du die?"

Ich schüttle den Kopf und schaue auf das schwarzweiß gedruckte Obdachlosenmagazin.

„Hast du einen Job? Wenn du willst, nehme ich dich mit in die Redaktion, wir können immer fleißige Verkäufer gebrauchen."

„Lass ihn in Ruhe, Herbert. Er ist krank. Außerdem glaube ich nicht, dass er Zeitungen verkaufen möchte." Jürgen sieht mich für einen Moment an und ich bin ihm dankbar, dass ich nichts erklären muss.

„Das wusste ich nicht, hab's nur gut gemeint. Wovon lebst du denn, wenn ich dich das fragen darf?"

„Ich sammle Leergut."

Herbert nickt und hebt erneut sein Glas, um noch einmal mit uns anzustoßen.

„Wisst ihr, ich habe schon seit Monaten etwas Geld gespart. Immer, wenn ich genügend zusammen hatte, habe ich mir Dinge für den Haushalt gekauft. Mal ein paar billige Handtücher, eine Kaffeemaschine, einen Wasserkocher, Geschirr und, und, und. Das habe ich alles bei Bekannten, die früher auch mal auf der Straße lebten, gebunkert." Er lacht spitzbübisch, als freue er sich, das Schicksal überlistet zu haben.

„Meine Wohnung ist nicht groß. Ein Zimmer mit Schlafcouch, eine kleine Küche, Bad und Flur. Aber es reicht für mich. Es ist sogar so viel Platz, dass schon Freunde bei mir übernachtet haben. Ich hab für sie Kartoffelsalat gemacht und sie brachten die Würstchen dazu mit. Manchmal koche ich auch für uns alle."

Jürgen legt ihm seine Hand auf den Arm, um ihn zu unterbrechen. „Herbert, ich kenne dich lange genug und ich weiß, dass du sehr gutmütig bist. Pass bloß auf und lass dich nicht ausnutzen."

„Wo denkst du hin? Das sind doch meine Kumpels, meine Freunde. Ich bin kein Mensch, der allein sein kann. Außerdem habe ich so viele Jahre mit ihnen verbracht, da kann ich sie jetzt, wo es mir besser geht, doch nicht fallen lassen. Noch im vergangenen Sommer habe ich mit ihnen gemeinsam in den Parks übernachtet, abends haben wir dann den Grill angeschmissen. Jeder gab das, was er hatte, sodass wir billiges Fleisch, Würstchen, Brot und Getränke kaufen konnten. Das vergesse ich nicht. Was soll ich allein? Wen hab ich denn noch bis auf meine Tochter?"

„Sie haben eine Tochter?", frage ich und sehe für einen Moment wieder die kleine Sophie vor mir, wie sie auf meinen Schoß klettert und sich an mich schmiegt. In meiner Brust entsteht ein brennender Schmerz. „Ja, ich bin stolz auf sie. Du kannst mich übrigens duzen, so vornehm bin ich nicht." Herbert streicht sich über die grauen Bartstoppeln und zwinkert mich an. Die Lachfältchen um seine Augen herum nehmen zu.

Ich nicke nur, warum soll ich ihm auch erklären, dass ich mit dem Du gegenüber Fremden ein Problem habe.

„Ja, meine Tochter, sie ist seit fast zwei Jahren selbstständig, betreibt einen Catering-Service. Sie arbeitet rund um die Uhr. Einen Enkelsohn habe ich auch, der Bengel ist mittlerweile neunzehn. Hat vor Kurzem den Autoschlosser abgeschlossen. Wir sehen uns nicht oft, seit damals, als das mit dem Liebhaber meiner Frau passierte." Er macht eine Pause – wohl, weil er darauf wartet, dass ich nach dem Warum und Weshalb frage.

„Ja", sagt Jürgen, um das Schweigen zu unterbrechen, „... so hat eben jeder von uns sein Schicksal."

„Ich war fast fünfundzwanzig Jahre verheiratet ...", nimmt Herbert wieder das Gespräch auf, „... bin aus dem Osten. Habe zuletzt als Agrarmechaniker in einer sogenannten Landwirtschaftsproduktionsgenossenschaft gearbeitet. Nach der Wende war alles anders, einfach wegrationalisiert haben sie alle LPG-Betriebe. Obwohl ich von Beruf Klempner bin und auch schon als Hochdruckheizer gearbeitet habe, gab's für mich keine Arbeit mehr in diesen Berufen. So hab ich mich einer Drückerkolonne angeschlossen. Zeitschriftenwerbung und -verkauf, quer durch Deutschland, zehn Jahre lang.

Als ich am Heiligen Abend wieder nach Hause zurückkam, um mit meiner Frau und der Tochter Weihnachten zu feiern, saß da der andere auf unserem Sofa. Ein reicher Schnösel aus dem Westen. Er nannte mich einen Versager und lachte mich aus. Da bin ich ausgerastet, hab ihm eins auf sein verdammtes Lästermaul gegeben, den Kerl am Schlafittchen gepackt und die Treppe runtergestoßen."

Herbert macht eine Pause, und für einen Moment haben seine freundlichen Augen alle Fröhlichkeit verloren. Er zieht ein Päckchen American Gold aus seiner Jackentasche und zündet sich eine Zigarette an. Sofort setzt wieder mein Husten ein, sodass ich den Rest meines Orangensafts in einem Zug trinke.

„Entschuldige", murmelt Herbert und pustet den Rauch in eine andere Richtung. „Ich bin ein starker Raucher, schon immer gewesen. Ohne meine Kippen kann ich nicht leben. Schon gar nicht, wenn ich nervös bin."

„Rauchen ist ungesund und teuer dazu", antwortet Jürgen.

Herbert grinst und seufzt. „Ich bin so ziemlich gesund, hab mich erst im Sommer untersuchen lassen, als ich mir 'nen Magen-Darm-Virus eingefangen hatte. Und die Zigaretten sind zollfrei. Bin doch nicht verrückt und zahle fünf Euro für 'ne Schachtel, das ist ja ein Vermögen. Wo war ich stehen geblieben? Ach ja, bei dem Treppensturz. Danach war es aus mit meiner

Ehe. Der Galan meiner Frau war so schwer verletzt, dass er in den Rollstuhl musste. Natürlich wollte sie ihn dann nicht mehr."

Schockiert sehe ich ihn an und schlucke.

„Ja, da guckst du, nicht wahr? Ich bin kein Schläger, bei mir sind damals nur die Sicherungen durchgebrannt. Ich bin abgehauen, als ich sah, was ich angerichtet hatte. Irgendwann hab ich mich dann gestellt, ich wollte nicht mein restliches Leben auf der Flucht sein. So wurde ich dann dazu verdonnert, an ihn Schmerzensgeld zu zahlen. Ich hatte keine Wohnung mehr, und als Wohnungsloser auch keine Arbeit. Ohne Arbeit kein Geld. Ein verdammter Teufelskreis. So bin ich abgerutscht. Obwohl – so richtig abgerutscht kann ich es auch nicht nennen. Denn gearbeitet hab ich immer. Ich habe einen starken Willen, bin ein Profi, zu hundert Prozent. Sternzeichen Zwilling. Zwei Seelen wohnen in meiner Brust. Im wahrsten Sinne."

Er schaut von Jürgen zu mir und Jürgen nickt stumm.

„Zu Anfang habe ich in einer Wagenburg gelebt. Wir schliefen in Wohnwagen auf dem Gelände einer Großgärtnerei. Wer dort zupackte, bekam als Entlohnung täglich Frühstück, Mittag und Abendbrot. Für mich als Agrartechniker kein Problem, so habe ich in den Gewächshäusern geschuftet wie ein Ochse, nur um nicht zu verhungern und ein Dach über dem Kopf zu haben. Dann wurde die Wagenburg eines Tages geräumt. Lust, an einen anderen Ort zu ziehen, hatte ich keine. So war ich also tatsächlich ganz ohne Obdach. Im Sommer ging es noch, auch im Herbst und wenn die Winter mild waren. Ein Schlafsack wärmt. Doch betteln war noch nie mein Ding. Durch einen Kumpel, der Obdachlosenmagazine verkaufte, bin ich dann zu meinem Job hier gekommen."

„Kann man denn davon leben?", frage ich.

„Natürlich wird man nicht reich, aber es geht. Ich sagte ja bereits, dass ich mir meinen Hausrat zusammengespart habe. Die Zeitung kostet einsfünfzig, fünfundsiebzig Cent gehen an den Verkäufer. An Tagen, wo es nicht so gut läuft, verkaufe ich zehn bis zwölf Zeitungen, das ist das Minimum. Aber an guten Tagen, wenn irgendwo Veranstaltungen, Theateraufführungen et cetera sind, bringe ich bis zu zwanzig Zeitungen an den Mann. Es kommt immer drauf an, wie du auf die Leute zugehst. Man darf nicht aufdringlich sein, nicht auf die Mitleidstour reisen. Das mögen sie nicht. Höflichkeit ist das A und O und du musst ein freundliches Lächeln übrig haben, selbst wenn sie keine Zeitung kaufen. Ich wünsche jedem Menschen einen schönen Tag. Jedem."

„Ach Herbert, wenn meine Knochen gesünder wären, das verdammte Rheuma. Noch knappe sechs Jahre bis zu meiner Rente, auch wenn sie spärlich ausfallen wird, dann kann ich vielleicht auch wieder eine Wohnung mein Eigen nennen." Jürgen lehnt sich zurück und nickt zur Bestätigung seiner Worte.

Herbert klopft leicht Jürgens Hand, eine nett gemeinte tröstende Geste. „Ja, die Rente, Jürgen, alter Freund. Wir sind ja fast gleich alt. Wenn du einen festen Wohnsitz hättest, könntest du Sozialleistungen beantragen. Sie bezahlen mir jetzt meine Miete und die monatliche Regelleistung. Und krankenversichert bin ich auch wieder. Auch wenn es mir schwerfällt, die zehn Euro Quartalsgebühr beim Arzt abzudrücken. Gott sei Dank habe ich keine gesundheitlichen Probleme, bis auf die fehlenden Zähne, aber das ist eine andere Sache. Das Geld für den Zahnersatz hab ich einfach nicht. Ich will auch nicht auf dem Amt nachfragen. Hab mal gehört, dass es dafür nichts mehr gibt. Aber jeder erzählt dir ja was anderes. Manchmal hab ich das Gefühl, dass sie selbst nicht wissen, was vom Gesetzgeber vorgeschrieben ist und was nicht. Dort behandelt man die Leute ohnehin oft sehr unfreundlich. Einmal hatte ich Glück, da kam ich zu einer Sachbearbeiterin in der Leistungsabteilung – noch ein ganz junges Ding war das. Aber freundlich, sag ich euch, so was habt ihr noch nicht gesehen. Die hörte mir zu, ließ mich ausreden und war bemüht, meinen Antrag schnellstmöglich zu bearbeiten. Vor allen Dingen behandelte sie mich nicht wie einen Menschen zweiter Klasse. Ein schönes Gefühl.

Bei meinem nächsten Besuch bin ich an einen regelrechten Drachen geraten. Eine dicke, frustrierte Ziege. Tat so, als würde sie die Leistungen, die mir zustehen, aus ihrer eigenen Tasche zahlen. Doch auch da musst du höflich und ruhig bleiben, denn man ist ja darauf angewiesen. Ja, man verurteilt uns schnell, wenn man auf der anderen Seite sitzt. Manchmal würde ich denen wünschen, dass sie auch mal im Dreck landen, damit sie was zum Nachdenken haben."

Ich höre schweigend zu. Nicht, weil es mich nicht interessiert, im Gegenteil. Herberts Erzählungen bestätigen meine Entscheidung, ein Einzelgänger zu bleiben und keine Hilfe anzunehmen. Von niemandem. Ich würde mich nicht wie Dreck behandeln lassen wollen. Obwohl ich kein guter Mensch bin. Und doch hat das eine mit dem anderen nichts zu tun.

„So, ich muss langsam los, hab mich ein wenig verplaudert. Eigentlich bin ich nur vorbeigekommen, weil ich mir dachte, dass du hier bist, Jürgen. Wenn ihr wollt, könnt ihr mich gern mal besuchen kommen. Auch, wenn ihr mal keine Schlafmöglichkeit habt. Meine Tür ist immer offen. Auch für dich. Paul war dein Name, oder?"

Herbert sieht mich an und lächelt. Dann steht er auf, zieht seine Jacke an und klopft auf den Umweltbeutel. „Die will ich heute noch verkaufen, obwohl die Menschen bei diesem Mistwetter draußen sicher nicht gerade bester Laune sind. Ach, bevor ich's vergesse …" Er greift in die Innentasche seiner Jacke, holt einen kleinen Notizblock und einen Kugelschreiber hervor, notiert seine Adresse und reicht den Zettel Jürgen. „Damit ihr mich auch findet. Also, bis dann. Einen schönen Tag noch." Er klopft kurz auf den Tisch, hebt noch einmal die Hand zum Gruß und geht.

Jürgen sieht mich an. „Ein selten positiver Mensch, nicht wahr?"

„Ja, das ist er. Wenn man's kann."

„Es ist wohl eine Frage der Einstellung. Man sollte sich nie aufgeben, egal, wie hart das Leben uns straft. Es gibt immer einen Ausweg."

Ich antworte nicht, weil es nichts zu antworten gibt. Was wissen sie denn alle von mir? Nichts. Ja, natürlich hat jeder von uns sein eigenes Schicksal. Doch niemand – niemand von ihnen hat so schwere Schuld auf sich genommen wie ich. Sie wissen nicht, dass ich mein gesamtes Vermögen einer Kirche zukommen ließ. Dass ich mich nicht um den Verkauf unseres Hauses – dieses verdammten, unglückseligen Hauses gekümmert habe, nicht um den Verkauf unserer Autos. Mich interessiert nicht, was daraus geworden ist und in wessen Besitz all diese Dinge übergegangen sind. Ich habe meine Identität abgelegt, besitze nicht einmal mehr einen Ausweis oder den Reisepass. Es gibt mich nicht mehr, weil ich es nicht wert bin zu existieren. Das habe ich mir auf der Beerdigung geschworen.

Karen in diesem schwarzen glänzenden Sarg, die weißen Kindersärge daneben, alle mit rosafarbenen Rosen geschmückt. Marcs anklagende Blicke, die zu sagen schienen: *du warst nicht da, warst auf einer deiner verdammten Dienstreisen, als meine Schwester und die Kinder in eurem protzigen Haus verbrannten. Du bist schuld, weil die Leitungen alt waren und nicht ein einziges Mal überprüft wurden, bevor ihr dort eingezogen seid. Mörder.*

Meine Faust donnert auf den Tisch.

„He, he, he, Paul! Was ist los? Habe ich mich falsch verhalten, oder Herbert?" Jürgen schaut mich erschrocken an.

„Nein, Entschuldigung, das ging nicht gegen Sie oder Ihren Freund. Wirklich nicht. Ich habe gerade an etwas gedacht." Mein Husten setzt wieder ein und ich beschließe, bevor ich endgültig wieder in die Kälte hinausgehe, noch einen heißen Kamillentee zu trinken.

„Soll ich Ihnen etwas zu trinken mitbringen, Jürgen?"

„Nein, danke, Paul. Sie können mir aber einen Gefallen tun und mir nachher beim Mittagessen ein wenig Gesellschaft leisten."

„Es tut mir leid, aber ich muss gehen. Seit gestern habe ich nur Geld ausgegeben und keines eingenommen. Es wird Zeit."

„Die Flaschen, nicht wahr? Auch ich werde nachher noch einige Karten zeichnen. Nächsten Monat ist bereits Weihnachten, und ich habe noch nicht genügend Weihnachtskarten beisammen."

Als ich an den Tresen komme, hat Heinz bereits Verstärkung bekommen. Eine junge, rundliche Frau mit kurzem, blondem Haar, eine weiße Schürze um die ausladenden Hüften gebunden, ist gerade dabei, mit einem Stück Kreide die Mittagsgerichte auf der Tafel zu notieren. Als sie sich zu mir umdreht, lächelt sie mich an, sodass ich irritiert zu Heinz schaue.

„Was kann ich für Sie tun?" Ihre Stimme ist sehr sanft und leise, fast schon melodisch. Wenn ich die Augen schließen würde und mir die Person zu dieser Stimme vorstellen sollte, würde ich sie mir zart und zerbrechlich denken. Trotzdem ist sie mir sympathisch.

Schon, weil sie der erste Mensch seit Langem ist, den Professor ausgeschlossen, der mich mit Sie anspricht.

„Ich hätte gern einen Kamillentee."

„Kamillentee? Oh je, wie kann man so etwas Scheußliches nur freiwillig trinken. Aber nun gut, Ihr Wunsch ist mir Befehl. Heinz, wo hast du den Kamillentee?"

Heinz greift hinter sich in den Hängeschrank und nimmt die Packung mit den Teebeuteln heraus. „Ach Paul, das ist übrigens Conny. Sie hilft hier manchmal aus, wenn die Luft brennt. Wenn ich sie nicht hätte ..." Heinz seufzt und legt lachend den Arm um Connys Schultern.

„Sie heißen also Paul", fragt sie, obwohl es mehr eine Feststellung ist. „Ein schöner alter Name. Und er passt zu Ihnen. Zu Ihrem Typ."

Fast hätte ich gelacht, weil sie auf einmal ganz verlegen ist und die Röte sekundenschnell von ihrem Hals bis zu den Wangen steigt.

„Finden Sie?"

„Ja. Zu Ihrem lockigen längeren Haar und dem markanten Gesicht. Man könnte Sie zu den männlichen Fotomodellen, die in den Katalogen abgebildet sind, stellen und man würde keinen Unterschied erkennen."

Sie schaut mich dabei nicht an, sondern hängt den Teebeutel in ein Glas und gibt kochendes Wasser darüber. Und trotzdem sehe ich, dass die Röte nun gänzlich von ihrem Gesicht Besitz ergriffen hat.

Sie flirtet mit mir, obwohl ich zu den Verlierern gehöre, und so ganz kann ich ihre Gedankengänge nicht nachvollziehen. Meine Attraktivität ist irgendwo während des jahrelangen Lebens auf der Straße verloren gegangen. Ich fühle mich wie ein alter Mann, kraftlos und müde. Früher habe ich oft Komplimente bekommen, die ich genossen habe, obwohl es immer nur Karen für mich gab. Karen.

Ich beginne wieder zu husten und drehe mich weg. So sehe ich, dass gerade zwei Frauen das Café betreten, eine von ihnen mit einer Aktentasche in der Hand.

„Bronchitis oder beginnende Lungenentzündung. Das muss behandelt werden", sagt eine der Frauen an mich gewandt und ich nicke nur.

„Guten Morgen, ich dachte schon, ihr kommt nicht mehr. Hinten, am letzten Tisch links, sitzen zwei Männer, die eure Hilfe benötigen." Heinz wischt sich die nassen Hände an einem Geschirrtuch ab und gibt den beiden die Hand.

„Ist das Büro abgeschlossen?", fragt die Frau mit der Aktentasche.

„Natürlich, ich kann meine Augen ja nicht überall haben."

„Heinz, was ist denn los mit dir? So mürrisch heute?"

„Ich bin nicht mürrisch, nur unausgeschlafen. Tut mir leid." Er gießt Kaffee in zwei Tassen und stellt sie den Frauen hin.

Conny gibt inzwischen Honig in meinen Tee, rührt ihn um und schaut lächelnd zu mir auf. Noch immer sind ihre Wangen ein wenig gerötet. Sie hat hübsche graugrüne Augen, ihr Gesicht ist relativ schlank im Gegensatz zu ihrer ansonsten recht üppigen Figur.

„Der Tee geht auf mich. Betrachten Sie sich als eingeladen."

„Danke, ich kann meinen Tee selbst bezahlen." Als ich das Geld auf den Tresen lege, legt sie ihre Hand auf meine. Ihre Finger sind warm und weich, und irgendwie tröstet mich diese Geste, sodass ich für einen Moment die Augen schließe und mir wünsche, dass sie ihre Hand nicht fortnimmt.

Ihre schöne Stimme holt mich in die Realität zurück. „Bitte, Paul. Ich möchte es aber. Und kein danke, sonst hilft der Tee nicht. In Ordnung?" Sie lächelt mich an und ich gebe mich geschlagen.

Als ich an unseren Tisch zurückkomme, ist Jürgen damit beschäftigt, Whiskeys Kopf zu kraulen, der auf seinem Schoß liegt.

„Na, mein Alter, das gefällt dir, was?" Whiskey öffnet die Augen, als er meine Stimme vernimmt, und beginnt freudig mit dem Schwanz zu wedeln. Doch er gibt seinen Platz nicht auf und Jürgen schüttelt lachend den Kopf.

„Sie verderben mir den Hund, Jürgen. Es wird schwer werden, wenn wir wieder draußen sind."

„Dann geh doch nicht, Paul. Zumindest könntest du doch im Warmen übernachten. Das würde auch deinem Husten besser bekommen. Ich weiß, wovon ich spreche. Wenn du nicht besser auf dich achtgibst, wird dein Husten chronisch werden. Kein schöner Gedanke, nicht wahr?"

„Ich kann nicht", antworte ich müde.

In Jürgens Augen liegt Verständnislosigkeit, weil er meine Antwort wohl als Starrsinn auslegt. „Die Gesundheit ist das größte Geschenk, das wir Menschen haben. Ich weiß, wovon ich spreche." Er macht eine Pause und nimmt Whiskeys Kopf von seinem Schoß, sodass der Hund sich wieder unter den Tisch zurückzieht.

„Wenn man mit ansehen muss, wie das Wertvollste und Liebste, das man besitzt, körperlich und geistig von Tag zu Tag abbaut, dann lernt man, das Leben und vor allem die Gesundheit zu schätzen. Du glaubst nicht, wie viel Leid es dort in diesem Pflegeheim gibt. Obwohl mir das Pflegepersonal und auch die Ärzte versichern, dass all diese Menschen dort, so auch meine Frau, glücklich seien in ihrer Welt, die sich von Mal zu Mal zu verkleinern scheint. Wahrscheinlich haben nur wir, deren Verstand noch gesund ist, ein Problem damit. So erklärte es mir mal eine der Schwestern.

Jürgen überlegt ein paar Sekunden, und setzt erneut zum Sprechen an: „Zu Beginn der Krankheit habe ich Ullas Vergesslichkeit nicht wahrhaben wollen. Sie selbst sorgte sich mehr darum als ich. Mal vergaß sie etwas während des Einkaufs, mal war es ein Arzttermin, mal der Friseurtermin, mal der Geburtstag ihrer besten Freundin. Einmal sogar das Essen auf dem Herd. Als ich eines Tages spät abends nach Hause kam, saß sie weinend am Küchentisch, das Essen in den Töpfen verbrannt, die Fenster weit geöffnet, um den beißenden Geruch abziehen zu lassen.

Ich versuchte sie zu trösten, schließlich war es kein Weltuntergang. Doch sie weinte nicht wegen des verbrannten Essens, sondern weil sie die Wohnung verlassen hatte, ohne den Herd vorher auszustellen. Sie hatte vergessen, dass sie gerade das Essen angesetzt hatte. Von da an nahm ihre Vergesslichkeit zu. Anfangs haben wir es so gehalten, dass wir alles auf einem Zettel notierten, ihren gesamten Tagesablauf. Den Zettel klebten wir an die Pinnwand im Flur. Und immer, wenn etwas erledigt war, sollte sie es ausstreichen. Doch irgendwann vergaß sie sogar, auf den Zettel zu schauen. Mal wusste sie nicht mehr, wie die Kaffeemaschine zu bedienen war, ein andermal, wie die Waschmaschine funktionierte. In unserer Wohnung herrschte bald ein heilloses Durcheinander, weil sie alles, was sie begann, nicht zu Ende brachte. Selbst in den Schränken war eine Unordnung, die mir fremd war. Zwischen meinen Socken lagen Handtücher, meine Hemden zwischen der Bettwäsche. Wenn sie einen Teller benötigte, durchsuchte sie alle Schränke, weil sie vergessen hatte, in welchem Schrank sie stehen. Eines Abends, als ich nach Hause kam, wunderte ich mich, dass nicht wie sonst üblich in der Wohnung Licht brannte. Ich rief nach Ulla, ohne eine Antwort zu erhalten. Schließlich fand ich sie im Schlafzimmer. Angezogen in Mantel und Schuhen lag sie auf dem Bett und weinte. Ich ging zu ihr und nahm sie in den Arm. An diesem Tag war sie aus dem Haus gegangen, nur zwei Querstraßen weiter, um etwas einzukaufen. So wie immer in fast dreißig Jahren. Danach war sie durch die Straßen geirrt, weil sie vergessen hatte, wo wir wohnten. In ihrer Not hatte sie einen vorbeifahrenden Streifenwagen angehalten, der sie dann nach Hause brachte."

Jürgen schaut für einen Moment aus dem Fenster. Draußen hat es wieder zu regnen begonnen, und ich wünsche mir zum ersten Mal seit über sechs Jahren, dass ich wieder ein Zuhause für Whiskey und für mich hätte.

„Ich wusste mir keinen anderen Rat mehr." Jürgen sagt es fast entschuldigend, wohl mehr zu sich selbst als zu mir, weil er mich dabei nicht ansieht.

Meine Hand hebt sich vorsichtig und legt sich für einige Sekunden auf seinen Arm.

Er schaut mich traurig an. „Weißt du, ich konnte sie nicht mehr allein lassen. Ich hatte Angst um sie, dass vielleicht irgendwann etwas Schlimmeres passieren würde, weil sie nicht mehr wusste, was sie tat. Sollte ich sie tagsüber wie ein Tier in einem Zimmer unserer Wohnung einschließen? Das hätte sie nicht verdient und ich hätte es auch nicht übers Herz gebracht. So sprangen nach und nach meine Kunden ab, weil ich die Termine nicht mehr einhalten konnte. Irgendwann schrieb ich nur noch rote Zahlen. Der Anfang vom Ende. Mir war klar, dass es vorbei war.

Ich verkaufte das Mietshaus, um die inzwischen enorm angewachsenen Schulden zu tilgen. Den Rest des Geldes investierte ich in einen Heimplatz für Ulla. Sie sollte es schön haben, das war ich ihr schuldig. Es ist fest angelegt, nur dafür. Damit die monatlichen

Kosten gesichert sind. Sie hat es gut dort, so ganz im Grünen. Wenn sie am Fenster ihres Zimmers sitzt, schaut sie direkt in den Garten. Auf bunte Blumen, die sie immer geliebt hat. Dahinter einige junge Bäume in Reih und Glied, wie eine kleine Allee. Oft sitzt sie am Fenster, wenn ich sie besuchen komme. Ich weiß nicht einmal, ob sie noch weiß, dass ich ihr Mann bin. Manchmal habe ich das Gefühl, dass sie sich an mich erinnert, dann, wenn ein leichtes Lächeln um ihren Mund zu erkennen ist. Dann lässt sie es zu, dass ich ihre Hand halte oder ihre Wange streichle. Ich erzähle ihr immer wieder von früher, aus unserem gemeinsamen Leben. Eine der Schwestern sagte mir einmal, dass es passieren kann, dass Ulla sich erst Tage später für einen Moment daran erinnert, dass ich bei ihr war. Doch manchmal schickt sie mich auch einfach weg. Dann darf ich sie nicht berühren, sie wünscht nicht einmal meine Anwesenheit. Anfangs tat es verdammt weh, wenn sie sagte: *Was wollen Sie von mir? Wer sind Sie? Mein Name ist Ulla Hoffmann, bitte gehen Sie!*"

„Das tut mir leid, Jürgen. Wirklich."

„Ja, Paul. So ist aber das Leben. Wenn wir jung sind, wissen wir alle nicht, was es uns bringt. Nicht einmal jetzt, da wir die Jugend schon längst hinter uns gelassen haben. Weißt du, was noch kommt?"

Ich schüttle den Kopf.

„Siehst du. Du nicht, ich nicht, niemand weiß, was morgen sein wird. Ein Vorteil, wie ich finde."

„Ich muss gehen, wirklich, es tut mir leid."

„Es ist deine Entscheidung. Vielleicht begegnen wir uns irgendwann noch einmal. Wer weiß das schon. Lass deinen Husten behandeln, das Leben ist zu kostbar, um es aufs Spiel zu setzen. Trotz allem."

Whiskey streckt sich verschlafen, als ich aufstehe und meine Jacke anziehe. Irritiert schaut er von Jürgen zu mir, bis Jürgen ihm noch einmal über den Kopf streichelt, und der Hund ihm dankbar die Hand leckt.

„Er scheint Sie zu mögen, das macht er nicht bei jedem."

„Ja, solch einen treuen Weggefährten würde ich gern besitzen, das macht die Einsamkeit erträglicher. Vielleicht irgendwann einmal, wenn die Zeiten sich gebessert haben und ich eine kleine Wohnung wieder mein eigen nennen kann."

„Auf Wiedersehen, Jürgen, ich wünsche es Ihnen."

„Paul?"

„Ja?"

„Ich möchte dir etwas schenken. Betrachte es einfach als Weihnachtsgeschenk. Du darfst den Umschlag aber erst am Heiligen Abend öffnen, wo immer du auch sein wirst." Er zieht aus seiner Zeichenmappe einen Umschlag hervor und reicht ihn mir lächelnd.

„Nein, Jürgen, ich möchte das nicht. Trotzdem vielen Dank ... ich weiß, dass Ihnen das Zeichnen schwerfällt, auch wenn Sie sagen, dass es gut für Ihr Rheuma ist. Doch Sie erzählten mir auch, dass Sie noch viel zu zeichnen hätten bis Weihnachten. Deshalb kann ich es nicht annehmen."

„Ich wünsche es mir aber, Paul. Bitte."

Ich sehe, dass seine Hand zittert, als er mir mit ausgestrecktem Arm den Umschlag hinhält. Obwohl ich innerlich mit mir kämpfe, nehme ich ihn schließlich und stecke ihn in die Innentasche meiner Winterjacke. Dann gehe ich endgültig in den Tag hinaus.

Kapitel 4

Obwohl es erst kurz nach achtzehn Uhr ist, sind die Straßen fast leer. Der seit dem Vormittag anhaltende Schneesturm hält die Menschen wohl davon ab, vor die Tür zu gehen, auch wenn in zwei Tagen bereits Weihnachten ist.

Die meisten von ihnen sind jetzt, in der Vorweihnachtszeit, milder gestimmt – auch uns gegenüber, denen, die ohne Obdach sind. Noch immer widerstrebt es mir, ihre Almosen anzunehmen, die sie mir vor die Füße legen, wenn sie merken, dass ich ihnen meine Hand nicht entgegenstrecke, um das angebotene Geld zu nehmen.

Doch was soll ich ihnen antworten? Dass ich es nicht brauche? Natürlich brauche ich es. Jetzt mehr denn je. In den letzten Wochen habe ich das, was ich durch das Sammeln von Pfandflaschen eingenommen habe, in die Apotheke getragen, um verschiedene Medikamente gegen den Husten zu kaufen. Und doch fühle ich mich von Tag zu Tag kraftloser. Vor einigen Tagen habe ich sogar überlegt, die Ärztin aufzusuchen, deren Adresse mir Heinz aufgeschrieben hat. Doch ich habe den Gedanken wieder verworfen, weil ich weiß, dass sie mich wahrscheinlich in eine Klinik eingewiesen hätte. Was soll ich in einer Klinik? Ohne Papiere, ohne Geld. Ich, der seine Identität abgelegt hat. Und Whiskey? Wo hätte man ihn hingebracht? In ein Tierheim? Wie kann ein Hund das Warum und Weshalb verstehen? Er hätte nichts mehr gefressen und wäre vor Kummer krank geworden. Ich trenne mich nicht von ihm. Um nichts in der Welt.

Als könne er meine Gedanken lesen, streckt er den Kopf aus der Decke hervor, die ich über uns ausgebreitet habe, und schaut zu mir hoch. Für einen Moment streift sein warmer Atem mein Gesicht und ich sage: „Bist mein braver Alter, ja", sodass er leise zu winseln beginnt, als wolle er eine Antwort geben. Ich ziehe meine Handschuhe aus und streichle ihn.

Das Wartehäuschen für den Bus bietet uns ein wenig Schutz vor dem Schneesturm, der durch die Stadt zieht, und doch hat der Wind vor meinen Füßen einen flachen Hügel Schnee angeweht.

Autos fahren im Schritttempo, ein Schneeräumfahrzeug der Stadtreinigung hält den Verkehr auf. In den Häusern gegenüber sind die Fenster vorweihnachtlich geschmückt mit Schwippbögen, bunten Lichterketten und Schweifen, die im Sekundentakt wie Blitze aufleuchten und wieder verlöschen, halb verdeckt von einer Wand wirbelnder Flocken. Von einer Holzbude unweit des Wartehäuschens weht der Wind den Geruch von gebrannten Mandeln und kandierten Früchten herüber, sodass ich für einen Moment die Augen schließe, weil mich die Erinnerung einholt.

Wir schlendern über den Weihnachtsmarkt, mehr geschoben als gehend, von den Menschenmassen mitgetragen, vorbei an den aufgebauten, weihnachtlich geschmückten Buden. In der Luft der Geruch von heißem Glühwein, Bratwürsten und gebrannten Mandeln. Weihnachtslieder aus den Lautsprechern übertönen das Stimmengewirr. Christoph zwischen Karen und mir, die kleine Sophie auf meinen Schultern, ihre Hände in meinem Haar vergraben, Halt suchend.

Ich sehe Christoph, wie er uns an eine Bude mit Holzspielzeug zieht, seine Augen leuchtend, nicht wissend, wo sie zuerst hinschauen sollen. Seine aufgeregte Kinderstimme: *Mami, Papi, guckt mal, so viele Autos, und eine Eisenbahn, und lauter kleine Figürchen! Ein Pony! Darf ich das Pony haben? Bitte, bitte. Ja?*

Karen geht in die Hocke, um Christoph zu umarmen. Ihre warme Stimme: *Christoph, Schätzchen, du weißt doch, dass bald der Weihnachtsmann kommt, um die Geschenke zu bringen. Und du weißt auch, dass er nur zu den artigen Kindern kommt.*

Bitte, bitte, Mami. Nur das Pony.

Karen, zu mir aufschauend, zwinkert, ihre Wangen und die Nase gerötet von der Kälte. Ich nicke ihr zu. Und so kaufen wir das kleine Holzpony, dessen Mähne und Schwanz aus hellem, weichem Kunsthaar sind.

Sophie zappelt auf meinen Schultern, schlägt aufgeregt ihre Stiefel gegen meine Brust. *Auch, auch*, ihr jammerndes Stimmchen über mir, und so kaufen wir auch für sie ein Pony, das sie anschließend über meinen Kopf galoppieren lässt.

Karen hakt sich bei mir ein, flüstert in mein Ohr: *Das war nicht richtig von uns, wenn das der Weihnachts-*

mann wüsste. Ihr warmer Atem kitzelt an meiner Wange.

„Ein gesegnetes und gesundes Weihnachtsfest, und hoffentlich auch ein warmes." Die Stimme einer alten Frau holt mich in die Realität zurück. In ihrer behandschuhten Hand hält sie einen Zehn-Euro-Schein. „Nun nehmen Sie schon, junger Mann, kaufen Sie sich etwas Gutes zu essen. Und stehen Sie doch um Gottes willen von dem kalten Boden auf, Sie werden sich noch den Tod holen." Sie bemerkt, dass ich zögere, den Geldschein zu nehmen. Ihr Gesicht ist schmal und faltig, die Augen hinter den Brillengläsern wie kleine, dunkle Knöpfe, halb von den erschlafften Lidern verdeckt. Auf ihrer grauen Wollmütze haben sich Schneeflocken gesammelt, die im Schein der Straßenbeleuchtung glitzern. Ihr brauner Mantel ist alt und abgetragen, und auch deshalb widerstrebt es mir, den Geldschein anzunehmen.

Die Frau stellt ihre Einkaufstasche auf einen der Sitze des Wartehäuschens, um ihr Portemonnaie wieder zu verstauen, doch den Geldschein behält sie in der Hand. „Sie würden mir eine große Freude machen, wenn Sie das Geld annähmen. Es macht mich nicht ärmer. Wirklich nicht. Ich bin eine alte Frau und brauche nicht mehr viel zum Leben." Sie setzt sich auf einen der weißen Plastiksitze.

„Sie werden sich erkälten", sage ich, doch sie schüttelt nur den Kopf. „Für einen Moment wird es schon gehen. Darf ich Sie etwas fragen?"

Ich sehe sie an und nicke.

„Haben Sie denn gar keine Familie mehr, dass Sie so mutterseelenallein hier draußen auf dem kalten Boden sitzen?"

„Ich bin nicht allein, ich habe meinen Hund."

„Sicher. Das vergaß ich. Und trotzdem, ein Tier ist kein Ersatz für Menschen. Es ist nicht schön, wenn man allein ist. Ich weiß, wovon ich spreche. Mein guter Mann ist nun mittlerweile schon seit fast zehn Jahren tot. Die Kinder sind mit sich selbst beschäftigt, die Enkel auch. Zuletzt waren sie im vergangenen Sommer zu meinem fünfundachtzigsten Geburtstag bei mir. Jeder hat doch mit sich zu tun, nicht wahr? Sie haben ihre Berufe und ihr eigenes Leben, was sollen sie mit mir alter Frau auch anfangen? Ich kann sie nicht mehr besuchen, weil ich mich ängstige, allein mit der Bahn zu fahren. Ach Gott, und diese Flugzeuge, nein, da würden mich keine zehn Pferde hinein bekommen in diese Ungetüme! Da können die Kinder noch so sehr reden."

Sie greift in ihre Einkaufstasche und reicht mir ein Eukalyptus-Bonbon. „Nehmen Sie nur, junger Mann, das wird Ihnen gut tun."

„Kommen Ihre Kinder Sie denn nicht zu Weihnachten besuchen?"

Sie nimmt ein Taschentuch aus der Manteltasche, um sich die Nase zu putzen, bevor sie antwortet. „Nein, auch in diesem Jahr nicht. Sie werden mich aber anrufen, ganz sicher. Sie vergessen mich nicht. Wissen Sie, für die Kinder hat Weihnachten nicht mehr die Bedeutung von Besinnlichkeit und Ruhe, von einem

Kirchgang am Heiligen Abend. Sie freuen sich, wenn sie einige Tage wohlverdienten Urlaub nehmen können, um in die Winterferien zu reisen. In diesem Jahr wird es irgendein Ort in Österreich sein. Mir ist der Name entfallen. Ich glaube, das darf er auch, wenn man so alt ist wie ich. Nicht wahr?"

„Natürlich. Es gibt Schlimmeres, als Ortsnamen zu vergessen."

„Ja, das ist wohl wahr. Wenn man all das Leid auf der Welt sieht. Man muss nicht einmal weit schauen." Für einen Moment sieht sie mich schweigend an. In ihren Augen liegt so viel Wärme, dass mir ihr Blick einen wohligen Schauer verursacht. Ihre Nase ist gerötet von der Kälte, die Lippen blutleer. Sie wird krank werden, wenn sie weiter neben mir sitzen bleibt. Doch ich kann sie nicht wegschicken, weil auch sie einsam ist, trotz der Entschuldigungen für das Verhalten ihrer Kinder. Es gibt so viele einsame Menschen in der Stadt, einsam geworden durch den Egoismus der Zeit.

„Und Sie, wo werden Sie am Heiligen Abend sein, junger Mann? Ich hoffe, dass diese Frage nicht zu forsch ist."

„Irgendwo und doch nirgendwo."

Sie berührt vorsichtig meine Schulter, eine kleine, schwache, alte Hand, ganz leicht spüre ich sie. „Doch wohl nicht etwa hier draußen in der eisigen Kälte? Das geht doch nicht."

„Ich bin es gewohnt, es stört mich nicht."

„Aber es gibt doch da für die obdachlosen Menschen auch Stätten, wo sie es warm haben, wo es einen Teller heiße Suppe gibt. Ich habe das mal im Fernsehen gesehen. Ach, mir tun all die Menschen leid. Furchtbar ist das alles, wirklich furchtbar. Sind da nicht doch auch die Politiker schuld? Ich habe ja keine große Ahnung davon, deshalb möchte ich auch nichts Falsches behaupten."

„Es sind nicht nur die Politiker. Auch die Profitgier von Wirtschaftsbossen, das Sozialsystem, die immer größer werdende Schere zwischen Arm und Reich, die wegschauende Gesellschaft, horrende Mieten, die kaum noch zu tragen sind, Ausbeutung der Geringverdienenden und vieles mehr. Und doch ist auch jeder für sein Leben selbst verantwortlich. Jeder."

Sie nickt nur und gibt mir noch ein Eukalyptus-Bonbon, weil mein Husten wieder einsetzt.

„So stehen Sie doch endlich von dem kalten Boden auf. So viel Unvernunft aber auch, Sie werden sich noch den Tod holen."

Ich antworte nicht darauf, weil ich ihn mir schon oft gewünscht habe, vielleicht wäre es wirklich besser, wenn ich nicht mehr existierte.

„Ach, da kommt ja mein Bus. So, und nun nehmen Sie bitte das Geld, kränken Sie mich nicht. Es kommt von Herzen. Gib mit warmen Händen, das sagte schon mein Vater. Gott hab ihn selig." Sie legt den Geldschein auf die Wolldecke, dann erhebt sie sich stöhnend.

„Ach, die alten Knochen, sie wollen auch nicht mehr so wie früher. Auf Wiedersehen, junger Mann, und ein gesegnetes Weihnachtsfest für Sie und das Tier. Das war eine wirklich nette Begegnung. Wirklich, sehr." Als sie vor mir steht, reicht sie mir die Hand und lächelt.

„Ich danke Ihnen auch, und schöne Weihnachten."

Sie nickt nur und geht zum Bus.

Ich schaue ihr nach, wie sie mühsam einsteigt, einen Fahrschein kauft und einen Platz am Fenster einnimmt. Ihr Kopf dreht sich noch einmal in meine Richtung, und plötzlich hebt sie ihre Hand und winkt mir kaum merklich zu.

Wenn ich mich frage, warum ich nach all den Jahren beschlossen habe, wieder diese Kirche zu betreten, finde ich keine Antwort. Heute, am Heiligen Abend, zur Mitternachtsmesse, sind nicht alle Plätze in den Kirchenreihen besetzt. Deshalb habe ich in der letzten Bank Platz genommen. Nur ein alter Mann sitzt einsam einige Meter von mir entfernt und blättert im Gesangbuch. Vor mir festlich gekleidete Menschen, Paare, Familien mit erwachsenen Kindern, den Großeltern. Ihre Stimmen zum Gesang erhoben, einige von ihnen treffen nicht den Ton, nur das Timbre in der Stimme des Pfarrers bleibt immer gleich angenehm, verursacht eine Gänsehaut.

Ich singe und bete nicht mit ihnen, vielleicht bin ich gekommen, um heute Abend Karen und den Kindern näher zu sein, oder auch Gott. Ihm, vor dem ich mich schuldig gemacht habe. Weil ich spüre, dass meine Kräfte mehr und mehr schwinden, mit jedem Tag den ich existiere. Das Fieber, das von meinem Körper Besitz ergriffen hat, kann ich durch die Hosenbeine spüren, jetzt, da meine Hände die Oberschenkel berühren. Es ist, als verglühte ich. Wenn ich mich zurücklehne und die Augen schließe, ergreift ein Schwindel von meinem Kopf Besitz, den ich nicht als unangenehm empfinde. Ich bin gesättigt und nun überkommt mich eine Schläfrigkeit durch die ungewohnte Menge fetten Essens am frühen Abend.

Von dem Geld, das mir die alte Dame an der Bushaltestelle geschenkt hat, habe ich für Whiskey und mich je ein halbes frisch gebratenes Hähnchen, ein Baguettebrot und eine Schale Salat im Supermarkt gekauft, unweit des alten Abrisshauses, dessen Treppenhaus seit einigen Tagen unser Schutz vor der Kälte ist. Selbst ein Päckchen Servietten und Teelichte habe ich besorgt. Dann habe ich es mir mit Whiskey im Treppenhaus bequem gemacht. Eine ausgebreitete alte Wolldecke war unser Tisch, am Rand brennende Teelichter, die der Situation trotz der Kälte und Dunkelheit des Hauses etwas Feierliches gaben. Whiskey kaute neben mir schmatzend das zarte Geflügelfleisch, das ich von den Knochen gelöst hatte, leckte sich immer wieder die Schnauze. In seinem Hundenapf frisches, stilles Wasser, ich trank Rotwein aus einem Plastikbecher, um Vergessen zu finden.

In meiner Jackentasche steckte noch immer Jürgens Weihnachtskarte. Nach dem Essen habe ich sie aus dem Umschlag genommen. Das Motiv eine abendliche Winterlandschaft – ein kleines Dorf mit einem Kirchplatz, auf dem sich festlich gekleidete Menschen tummeln. Ein goldener Schweif am Nachthimmel – die Funken in schwungvolle Buchstaben übergehend, bilden die Worte *Gesegnete Weihnachten*. Auf der Rückseite Jürgens handgeschriebene guten Wünsche für die Weihnachtszeit.

Mein Blick ist jetzt auf die Kanzel gerichtet, die der Pfarrer soeben betreten hat. Nur das Husten des alten Mannes neben mir ist zu hören. Er schaut für einen Moment entschuldigend zu mir herüber. Seine Brillengläser sind so stark, dass die Augen unnatürlich groß erscheinen, als schaue er durch eine Lupe. Aus einer kleinen Pillendose entnimmt er nun eine Tablette, die er sich mit zitternden Fingern in den Mund legt. Er scheint recht alt zu sein, ich erkenne es an der Haut seiner Hände, die ganz durchsichtig ist, sodass die Adern bläulich durchschimmern.

Ich wende den Blick ab und versuche mich wieder auf den Pfarrer zu konzentrieren, auf die Weihnachtsgeschichte, die er nun verliest. Man könnte eine Stecknadel fallen hören, so ruhig ist es hier. Doch meine Konzentration lässt mich im Stich, obwohl ich das, was er liest, verstehe, kann ich es nicht aufnehmen. Deshalb schließe ich für einen Moment die Augen, um auszuruhen. In meinem Kopf pulsiert so sehr das Blut, als würde es wild und ungestüm durch die Adern fließen, einem reißenden Strom gleich.

Karen schaut lächelnd auf mich herab, sie sieht wunderschön aus mit ihrem offenen langen braunem Haar. Das Kleid, das sie trägt ist mir fremd, fast einem Gewand gleich. Als ich die Augen öffne, ist sie fort. Seltsamerweise überkommt mich keine Traurigkeit, sondern fast schon ein Gefühl von Glück. Vielleicht sollte ich öfter hierher kommen, um eventuell doch irgendwann meinen inneren Frieden zu finden.

In den vergangenen Jahren habe ich mich oft gefragt, ob Karen mir vergeben hat, und diese offene Antwort auf meine Frage quält mich.

Noch einmal setzt das Orgelspiel ein, die Stimmen erheben sich zu „Stille Nacht, heilige Nacht". Zeit für mich zu gehen.

Und doch verlasse ich als Letzter die Kirche, werfe etwas Kleingeld in die Kollekte, dann gehe ich auf den Pfarrer zu, der mir die Hand reicht und sich nicht anmerken lässt, dass ich anders aussehe in meiner abgetragenen Kleidung. Er hält meine Hand länger als nötig und schaut mir in die Augen. Stumm und doch fragend, sodass ich seinem Blick kaum standhalten kann.

„Auch Ihnen ein gesundes und gesegnetes Weihnachtsfest."

„Frohe Weihnachten", antworte ich, und plötzlich setzt wieder der Husten ein.

Whiskey kommt auf mich zugelaufen, umkreist schwanzwedelnd meine Beine, und so gehen wir gemeinsam in die winterliche Nacht hinaus.

Wie still eine Stadt doch sein kann, jetzt, zu vorgerückter Stunde, im Übergang vom Heiligen Abend zum ersten Weihnachtstag. Fast feierlich wirken die Straßen und Gehwege, geparkten Autos und Gärten, verdeckt unter dicken, frischen Schneehauben. Dort, wo die Laternen ihr gelbliches Licht auf den Schnee werfen, glitzert er wie unzählige funkelnde Sterne. Der Nachthimmel heller als sonst, weiteren Schnee verkündend. Hinter vereinzelten Fenstern brennt noch Licht, und ich stelle mir vor, wie die Menschen hinter diesen Fenstern wohl aussehen, wer sie sind, wie sie leben. Ob sie glücklich sind? Sicher, zumindest heute.

Ich bleibe stehen, angelehnt an einen Zaun, weil ich kaum noch Luft bekomme. Whiskey schaut mich an und beginnt zu winseln.

„Gleich, mein Alter, gleich geht's weiter." Mein Körper wird von einem Zittern erfasst, und obwohl ich bis eben das Gefühl hatte, innerlich zu verglühen, friere ich plötzlich so sehr, dass meine Zähne aufeinander schlagen. In meiner Brust ist wieder dieses schreckliche Rasseln, jetzt, da ich mich nach vorne beuge, um besser atmen zu können. Ich fühle, dass ich nicht mehr weiter kann, meine Füße sind steif von Kälte und Feuchtigkeit, die durch die Schuhe dringen, die Knochen schwer wie Blei. Doch ich muss, muss zurück in das Abrisshaus. Etwa zwei Kilometer liegen noch vor uns. Zwei Kilometer, für die ich Stunden benötigen werde.

Nur mühsam setze ich einen Fuß vor den anderen, immer darauf achtend, einen Zaun, einen Laternenpfahl oder einen Baum in greifbarer Nähe zu haben, um mich daran festzuhalten. Ich fühle mich wie ein Hundertjähriger, obwohl ich nicht weiß, wie man sich mit hundert fühlt. Whiskey bleibt immer wieder stehen, dreht sich nach mir um und kommt zurückgelaufen, wenn er merkt, dass die Entfernung zwischen uns größer wird. Die Abdrücke seiner Pfoten im Schnee kreuz und quer, an ihnen versuche ich mich zu orientieren, weil meine eigene Orientierung nach jedem weiteren Schritt, den ich mache, immer mehr zu schwinden scheint.

Meine Kleidung ist durchschwitzt, weil sich glühende Hitze und entsetzliche Kälte in meinem Inneren abwechseln.

Verschwommen kann ich endlich das Abrisshaus erkennen, nur noch wenige Meter, dann habe ich es geschafft. Doch je näher ich dem Haus komme, desto weniger wollen mich meine Beine tragen. Ich schwanke und falle in den Schnee, der nun mein heißes Gesicht kühlt. Whiskey beginnt zu winseln, ich strecke meinen Arm nach ihm aus und er leckt meine Hand.

„Ist gut, mein Alter, lass mich einen Moment, nur einen Moment." Doch Whiskey gibt nicht auf, immer wieder zerrt er an meinem Jackenärmel, sein Bellen durchbricht die Stille der Nacht, sodass ich mit letzter Kraft versuche aufzustehen, um irgendwie weiterzulaufen, bis ich endlich mein Ziel erreicht habe.

Erschöpft lehne ich mich gegen die Haustür, bevor ich sie öffne. Whiskey schlüpft an mir vorbei in den dunklen Flur. Ich weiß nicht, wie ich es schaffen soll, bis in den zweiten Stock zu kommen, dorthin, wo meine Sachen liegen. Wie unüberlegt von mir. Doch dort oben ist es nicht ganz so kalt wie hier unten im

Erdgeschoss. Zudem wirft der Mond ein wenig Licht durch die Flurfenster der oberen Etagen.

Obwohl ich Whiskey nicht sehen kann, höre ich sein Hecheln ganz in meiner Nähe. Ich taste mich an der Hauswand entlang, bis ich das Geländer fühle, um mich an ihm hochzuziehen. In meinem Kopf hämmert es, und wieder setzt der Schwindel ein, den ich schon in der Kirche verspürte. Ich muss die linke Hand unter den Oberschenkel legen, um mein Bein anzuheben, weil ich keine Kraft mehr habe, die Treppenstufen zu ersteigen.

Wie viel Zeit inzwischen vergangen ist, die ich benötigt habe, eineinhalb Etagen hinter mir zu lassen, vermag ich nicht zu sagen. Durch das einfallende Licht des Flurfensters sind auf dem Podest die Umrisse unserer Sachen zu erkennen. Mein Rucksack, die ausgebreitete Wolldecke mit den abgebrannten Teelichtern darauf, Reste unseres Weihnachtsessens, der Schlafsack. Es ist zum Greifen nah, und doch krieche ich jetzt wie ein Tier die Stufen hinauf, noch eine halbe Treppe, dann habe ich es geschafft. Whiskey ist bereits oben und schaut zu mir herunter, als wolle er sagen nun mach schon, du schaffst es.

Keuchend bleibe ich auf dem Treppenpodest liegen, mit ausgestrecktem Arm kann ich fast die Wolldecke berühren. Doch Whiskey lässt das nicht gelten, er bellt mich an, um dann – meinen Jackenärmel in seiner Schnauze – meinen kraftlosen Körper zu unserem Schlafplatz zu ziehen. Ich versuche den Kopf zu heben, ihn zu beruhigen, doch ich schaffe es nicht mehr.

Immer wieder stupst er seine Schnauze an mein Gesicht, bis er wohl begreift, dass ich nicht kann.

„Ist ja gut, mein Alter, komm, leg dich hin", flüstere ich ihm zu. Dann merke ich nur noch, wie er den Schlafsack über meinen Körper zieht, bevor mein Bewusstsein der Dunkelheit weicht.

Kapitel 5

Stimmen, immer wieder Stimmen, die ich nicht zuordnen kann. Das Klappern von irgendwelchen Gegenständen, Hände, die mich berühren. Meine Stirn, meine Brust, meine Arme. Geräusche von schnellen Schritten, einer klappenden Tür, dann wieder Stille. Ich möchte die Augen öffnen, doch meine Lider bleiben geschlossen, hinter ihnen nichts als Schwärze. Mein Körper kraftlos, bewegungslos, von einer seltsamen Leichtigkeit, als gehöre er nicht zu mir. Ich versuche den Mund zu öffnen, doch auch das gelingt mir nicht. Dann wieder dieser Schwindel, bunte Kreise, immer kleiner werdend, die mich mitziehen wie in einen Sog. Ich lasse mich fallen, willenlos.

In der Ferne ein heller Punkt, der, je näher ich komme, immer größer wird. Eine Wiese, schillernde Farben. Menschen. Karen. Ich erkenne Karen zwischen ihnen. Neben ihr Christopher und die kleine Sophie. Sie lächeln mir zu. Wie glücklich sie aussehen. Ich möchte zu ihnen, sie umarmen. Doch Karen schüttelt den Kopf, ihr seidiges braunes Haar, auf das die Sonnenstrahlen fallen, fliegt hin und her.

Geh zurück, du darfst nicht hierbleiben, ruft sie mir zu, obwohl sie nicht einmal die Lippen bewegt. Ich bin irritiert, und noch ehe ich begreifen kann, entfernen sie sich von mir, bis sie nur noch ein winziger Punkt in der Ferne sind.

Ich verstehe, dass ich derjenige bin, der sich entfernt. Wieder der Sog, durch den ich gezogen werde, bunte Kreise, immer größer werdend, Schwindel, Finsternis, Erschöpfung.

Als ich endlich die Augen öffnen kann, bin ich geblendet von der Helligkeit des Tages, sodass ich sie sofort wieder schließe. Nach einem Moment versuche ich es noch einmal. Vorsichtig, mit halb geschlossenen Lidern, sodass meine Wimpern zitternd wie ein Schutz vor dem liegen, was mein Kopf momentan nicht begreift.

Deshalb beschließe ich, mich wieder der Dunkelheit hinzugeben. Langsam bewege ich die Finger der rechten Hand – Daumen, Zeigefinger, Mittelfinger, Ringfinger, kleiner Finger. Balle die Hand zu einer Faust, öffne sie wieder. Schließen, öffnen, schließen, öffnen. Ein schläfriges Kribbeln zieht sich von den Fingerspitzen bis zur Schulter. Gut, nun links dasselbe. Schließen, öffnen, schließen, öffnen. Was noch? Die Beine. Ja, da sind ja noch die Beine. Rechter Fuß mit den Zehen wackeln, kreisende Bewegungen, dann die Fußspitzen rauf und runter, rauf und runter. Linker Fuß, wackeln, kreisen, rauf, runter, rauf, runter. Bis ich spüre, dass das Blut durch die Adern fließt.

Es strengt mich an, sodass ich etwas erschöpft die Übungen beende.

Wo bin ich? Ich drehe meinen Kopf in Richtung der Helligkeit, öffne vorsichtig die Augen und lege die Hand halb als Schutz davor. Nun erkenne ich dunkle

Holzdielen, die untere Hälfte einer alten Kommode mit ausladenden, geschwungenen Schüben, an denen blank polierte Messinggriffe befestigt sind. Teure Seidentapeten, gestreift in Hellgrau und Silber. Daneben ein kleines Tischchen passend zur Kommode. Ich lasse die Hand ein wenig nach oben rutschen, sodass ich nach und nach ein Bild von dem Zimmer bekomme. Bevor ich mich weiter umschaue, hebe ich die Decke und schaue an mir herunter. Irgendjemand hat mir einen hellblauen Pyjama angezogen. Das Bett, in dem ich liege, ist alt und groß und anscheinend aus einem wertvollen Holz gearbeitet. Auf dem Nachtschrank eine Vielzahl von Medikamenten. Auf der anderen Seite des Bettes ein Infusionsständer. Langsam kehrt die Erinnerung zurück.

Whiskey, oh Gott, wo ist Whiskey? Mein guter Alter. Was hat man mit ihm gemacht? Wer hat mich hierher gebracht? Wem gehört das alles hier? Moment, langsam.

Ich muss überlegen. Ja, jetzt erinnere ich mich. Ich war in der Kirche, dann der nicht enden wollende Weg bis zum Abrisshaus. Der Hausflur. Die Schmerzen, diese wahnsinnigen Schmerzen. Die Kraftlosigkeit. Whiskey auf dem Treppenpodest, mich anbellend. Und dann? Ich erinnere mich nicht, so sehr ich mich bemühe.

Die Fenster in dem Zimmer sind hoch, mit verschnörkelten Messinggriffen. Davor ein wuchtiger alter Schreibtisch mit Schnitzereien verziert. Rechts eine Schreibtischlampe, dunkler Messingfuß, gelber

Glasschirm, einige Bücher und Zeitungen daneben. Davor ein Stuhl mit geschwungenen Lehnen und hellem Sitzpolster. In der Mitte des Zimmers ein großer eckiger Teppich, die dunklen Farben ein wenig verblasst, doch ich erkenne Krieger, die auf ihren Pferden sitzen, die Lanzen griffbereit zum Kampf. An den Decken Stuck, in der Mitte eine Lampe, auch aus dunklem Messing, die Glocken aus gelbem Glas. An den Wänden einige Ölbilder, die Motive Landschaften und Jagdszenen.

Neben meinem Bett zwei Stühle, auf dem einen liegt eine Frauenzeitschrift, die nicht ganz in dieses altmodische Zimmer passt.

Meine Schmerzen, ich habe keine Schmerzen mehr. Seltsam. Ich hatte mich so sehr an sie gewöhnt, dass ich erst jetzt bemerke, dass sie nicht mehr da sind. Und doch fühle ich mich erschöpft. Deshalb schließe ich wieder die Augen. Wem immer das alles gehört, er wird sicher kommen, um es mir zu erklären.

Vor der Tür sind Stimmen zu hören, die mich aus dem leichten Schlaf schrecken lassen, in den ich gefallen bin. Gesenkte Stimmen, und doch kann ich eine weibliche und eine männliche erkennen. Ich drehe mich zur Wand und stelle mich schlafend.

Leise wird die Klinke heruntergedrückt, die Schritte der Eintretenden lassen die Dielen knarren.

„Er schläft sich gesund, das ist gut", höre ich den Mann sagen. Die Art, wie er spricht, kommt mir bekannt vor, doch ich kann sie nicht zuordnen, weil er nur flüstert.

„Ja, er ist jetzt über dem Berg. Der Doktor hat vorhin angerufen, die Laborwerte sind fast vorbildlich, sagte er. Wenn er wieder ganz gesund ist, möchte er trotzdem eine Aufnahme von seiner Lunge machen. Vorsichtshalber."

Wer ist diese Frau? Ich spüre, dass sie mich beobachten, und ich hoffe, dass sie nicht das Flattern meiner Augenlider bemerken.

„Ich muss noch einmal weg, ich erzählte Ihnen ja bereits, dass noch viele Dinge zu erledigen sind. Und ich hätte unseren Patienten ungern allein gelassen. Wahrscheinlich würde er erschrecken, so allein in einem fremden Haus. Ich wünsche mir, dass Sie oder ich bei ihm sind, wenn er erwacht. Denn er wird viele Fragen haben, die es zu beantworten gilt."

„Natürlich, Sie können sich auf mich verlassen. Gehen Sie nur und erledigen Sie, was zu erledigen ist. Es macht mir wirklich nichts aus."

„Sie sind ein Engel, meine Liebe."

„Oh nein, sagen Sie bitte nicht so etwas."

„Es ist aber so. Was hätte ich ohne Ihre Hilfe getan?"

„Es ist schon gut. Ich mache es gern. Wirklich."

Für einen Moment schweigen sie, bis ich den Mann wieder flüstern höre.

„Nehmen Sie sich Essen und Trinken. Ich habe alles auf dem Tisch in der Küche für Sie vorbereitet. Ich lasse Sie jetzt allein. In etwa drei bis vier Stunden werde ich zurück sein. Nehmen Sie sich auch zu lesen, wenn Ihnen die Zeit zu lang wird. Drüben auf dem

Schreibtisch liegt etwas leichtere Lektüre, es könnte Ihr Geschmack sein."

„Danke. Für alles."

„Wofür? Auf Wiedersehen."

„Auf Wiedersehen."

Wieder knarren die Dielen, ich vermute, dass der Mann nun das Zimmer verlässt, denn kurz darauf wird die Tür geöffnet und wieder geschlossen. Neben meinem Bett höre ich das Rascheln der Zeitschrift, in der die Frau jetzt zu blättern scheint.

Für einen Moment überlege ich, ob ich mich zu ihr umdrehen soll, doch ich möchte sie nicht erschrecken.

Mein Mund ist ganz trocken, ich habe Durst und müsste auch zur Toilette.

Toilette. Oh Gott, sie werden doch nicht …? Sicher haben sie. Ich kann mich nicht erinnern, selbst eine Toilette aufgesucht zu haben. Hat diese Frau etwa …?

Nein, nein, es wird für alles eine Erklärung geben. Zumindest befinde ich mich nicht in einem Krankenhaus, der Gedanke beruhigt mich doch sehr. Aber Whiskey, wo ist er bloß? Er wird eingehen dort draußen in der Kälte, ohne Fressen, ohne Wasser, ohne einen Unterschlupf, ohne mich. Die Menschen sind böse, ganz besonders zu dem, was in ihren Augen nicht ästhetisch aussieht und nicht ihrer Vorstellung von Schönheit entspricht. Ihre Oberflächlichkeit widert mich an. Dabei verkennen sie Whiskeys Charakter.

Mein treuer Alter. Verzeih mir, das habe ich nicht gewollt. Das weißt du hoffentlich. Ich werde auf die Suche nach dir gehen, bald schon.

Ich beschließe, mich endlich umzudrehen, weil ich kaum noch den Druck, der auf meiner Blase liegt, aushalten kann.

Langsam drehe ich mich nach rechts, sodass ich nun auf dem Rücken liege. Blinzelnd versuche ich langsam die Augen zu öffnen, als täte ich es heute zum ersten Mal, und ich fühle mich wie ein Betrüger diesen Menschen gegenüber, die für mich sorgten, während ich hilflos war.

Als sich behutsam eine Hand auf meine Schulter legt, muss ich endgültig die Augen öffnen.

„Hallo Paul. Bitte erschrecken Sie nicht. Es ist alles gut. Ach, ich weiß gar nicht, was ich sagen soll. Wie geht es Ihnen? Wie fühlen Sie sich?"

Ich merke, dass ich sie anstarre. In meinem Kopf rennen die Gedanken wild durcheinander. Sie scheint es zu bemerken und nun laufen die Tränen über ihr Gesicht.

„Entschuldigen Sie bitte, es ist nur, ach, ich weiß nicht, was es ist. Ich bin einfach glücklich, dass Sie es geschafft haben."

Für einen Moment muss ich mich sammeln. Es ist so rührend, wie sie vor mir sitzt und weint, ausgerechnet wegen mir, um den niemand mehr weint, weil ich zu niemandem gehöre.

„Conny, Conny war Ihr Name, nicht wahr?" Meine Stimme klingt heiser und ich muss husten.

„Hier, nehmen Sie und trinken Sie einen Schluck. Aber langsam. Kommen Sie, ich helfe Ihnen." Sie steht auf, greift unter meinen Kopf, sodass ich mich ein wenig aufrichten kann. Dann setzt sie das Wasserglas an meine Lippen.

„So, das muss erst einmal reichen. Legen Sie sich wieder hin. Warten Sie, ich schüttle Ihnen das Kopfkissen ein wenig auf." Erschöpft lasse ich mich auf das Kissen sinken.

„Besser?"

„Ja, danke." Ich fahre mit der Zungenspitze über meine ausgetrockneten Lippen.

Sie greift nach der Kleenexbox auf dem Nachtschrank und entnimmt ihr ein Tuch, mit dem sie sich über die Augen wischt. Ihre schönen graugrünen Augen. Erst jetzt bemerke ich, dass sie ungewöhnlich lange Wimpern hat, in denen noch einige Tränen hängen, funkelnd wie Glasperlen. Sie spürt meine Blicke und errötet, so wie damals im Café.

„Entschuldigen Sie bitte, Paul. Ich wollte nicht weinen." Ihre sanfte Stimme verursacht mir eine Gänsehaut und ich würde sie am liebsten bitten weiterzureden. Irgendetwas, nur dass sie nicht aufhört, weil jedes ihrer Worte wie eine zarte Melodie klingt.

„Sie müssen sich nicht entschuldigen, Conny. Ich danke Ihnen."

Lächelnd schaut sie mich an, dann senkt sie ein wenig den Kopf und spielt verlegen an ihrem braunen Kleid, auf dessen Stoff lauter kleine altrosafarbene Röschen gedruckt sind. Der Stoff spannt ein wenig

144

über ihre kräftigen Schenkel und die ausladenden Hüften, jetzt, da sie sitzt. Sie bemerkt meinen Blick und nun weiß sie nicht mehr wohin vor lauter Verlegenheit und beginnt, an den rosafarbenen runden Knöpfen ihrer Ärmel zu nesteln, die sie bis zu den Ellenbogen hochgeschoben hat.

„Darf ich Sie etwas fragen, Conny?"

„Ja, natürlich, ich weiß, dass das alles hier viele, viele Fragen in Ihnen aufwirft. Mein Gott, wenn ich mir vorstelle ... Ja, mir würde es auch nicht anders ergehen."

Ich lege meine Hand behutsam auf ihren Unterarm, sodass sie mich erschrocken anschaut. Doch sie zieht ihren Arm nicht weg.

„Wissen Sie, was mit Whiskey, mit meinem Hund, geschehen ist?"

„Natürlich, oh, wie dumm von mir! Es geht ihm gut, wir sind mittlerweile schon fast so etwas wie Freunde geworden. Er hat seinen Schlafplatz unten in der Waschküche."

Mein Herz macht vor Freude einen Sprung, ich spüre es bis zum Hals schlagen, sodass mich ein leichter Schwindel überkommt. „Danke, Conny, vielen, vielen Dank. Ich weiß nicht, wie ich ohne ihn hätte weiterleben sollen. Er bedeutet mir sehr viel. Ich brauche ihn, genauso wie er mich. Er wäre eingegangen ganz allein dort draußen in der Kälte."

„Sie müssen sich nicht bei mir bedanken, Paul, wirklich nicht. Nicht ich bin diejenige, die Sie gerettet hat. Es war Ihr Hund Whiskey. Ein außergewöhnlich intelligentes und treues Tier. Wohl treuer als mancher Mensch."

„Sie müssen entschuldigen, dass ich so dumm frage, mir fehlt da wohl einiges in meiner Erinnerung. Sie sagen, er hat mich gerettet?"

Sie nickt lächelnd und ich kann es kaum fassen. Ein warmer Strom von Zärtlichkeit durchläuft mein Inneres.

„Ja, es ist eine lange Geschichte. Eigentlich möchte ich sie Ihnen nicht allein erzählen. Da ist noch jemand, ohne den das alles hier ...", wobei sie eine ausladende Handbewegung macht, „... nicht möglich gewesen wäre. Diesem Jemand haben Sie es zu verdanken, dass Sie nicht in ein Krankenhaus eingeliefert wurden, dass mehrmals täglich ein sehr gewissenhafter und erfahrener Arzt nach Ihnen schaute, der Anweisungen gab, wie und womit Sie zu behandeln waren, der Sie ruhiggestellt hat. Denn Sie waren, so leid es mir tut, es sagen zu müssen, mehr als einmal in den vergangenen Wochen dem Tod näher als dem Leben."

„In den vergangenen Wochen? Was für ein Datum haben wir heute?"

„Den zweiten Februar."

„Und ich habe die gesamte Zeit in diesem Zimmer verbracht? Mein Gott, ich kenne niemanden, der so etwas für mich tun würde! Niemand steht in meiner Schuld, sollte es sich hier eventuell um eine Wiedergutmachung handeln."

Conny zieht ihren Arm unter meiner Hand weg und schaut mich an.

„Es geht hier nicht um die Frage von Schuld oder Nichtschuld oder um Wiedergutmachung. Können Sie sich denn gar nicht vorstellen, dass es vielleicht auch Menschen gibt, die einfach nur helfen wollten, weil sie Sie mögen?“

Ihr Hals bekommt wieder diese roten Flecken. Sie hat etwas Kindliches an sich, wenn die Röte der Verlegenheit von ihr Besitz ergreift. Ihre Worte berühren mich, obwohl ich nicht einmal wüsste, ob ich in umgekehrtem Falle so selbstlos wäre.

Nur ungern unterbreche ich Conny an dieser Stelle, doch der Druck in meiner Blase ist fast bis zur Unerträglichkeit gestiegen. Auch wenn es mir unangenehm ist, so muss ich doch einmal eine Toilette aufsuchen.

„Verzeihen Sie, Conny, ich weiß nicht, wie ich es sagen soll … aber könnten Sie mir vielleicht sagen, wo sich die Toilette befindet?“

„Sie dürfen noch nicht aufstehen, Paul. Ihr Kreislauf muss sich erst einmal stabilisieren.“ Sie steht auf, bückt sich und nimmt unter dem Bett einen Topf mit Deckel und eine Plastikflasche hervor. „Sie können auf die Pfanne gehen oder die Urinflasche benutzen, ich werde so lange draußen warten. Wenn Sie fertig sind, rufen Sie einfach nach mir.“

Ich starre sie an. „Ich soll was? Es tut mir leid, das wird nicht funktionieren. Wie hat man es denn …“ Nun bin ich wohl derjenige, der rot wird, zumindest spüre ich, dass mir ganz heiß ist. „… Ich meine, wie war das denn in all den Wochen?“

„Oh, das habe ich übernommen.“

„Was?"

„Ach Paul, machen Sie es sich doch nicht so schwer!"

„Sie meinen, Sie haben mich … nackt …?"

„Ich bin es gewohnt, als gelernte Krankenschwester. Wissen Sie, wie viele nackte Körper ich schon gesehen habe?"

„Sie sind Krankenschwester? Ich dachte, Sie wären …"

„Kellnerin, Köchin, Barfrau? Sie meinen, ich sehe so aus, dass man das denken könnte. Ja?" Ihre Mundwinkel zucken ein wenig und es tut mir leid, dass sie so von mir denkt.

„Nein, oh nein, entschuldigen Sie bitte, so meinte ich das nicht. Ich dachte nur, weil Sie in dem Obdachlosencafé arbeiteten. Nur deshalb. Wirklich. Nur deshalb."

Sie antwortet nicht, sondern steht auf und geht zur Tür.

„Rufen Sie mich, wenn Sie so weit sind, Paul."

Ich habe sie gekränkt, und es tut mir leid. Auch sie gehört zu den Außenseitern, wahrscheinlich gibt sie sich deshalb mit mir ab. Sie ist ein Engel und ich ein verdammter Trottel, der sie verletzt hat, dort, wo sie ohnehin schon am verletzbarsten ist. Frauen sind so. Alle. Die Zeit ist so. Sie diktiert, was wichtig ist. Schönheit, Schlanksein, erfolgreich. Die Seele? Der Charakter? Alles verloren gegangen, nicht mehr wichtig.

Ich entleere endlich meine Blase – es kommt mir vor, als sammelten sich literweise Urin in der Flasche. Als ich endlich fertig bin, rufe ich nach ihr.

„Fühlen Sie sich besser, Paul?"

Ich sehe, dass sie geweint hat. Am liebsten würde ich sie in den Arm nehmen, um sie zu trösten.

„Ja, danke. Sie müssen das nicht sauber machen, Conny. Wirklich nicht."

„Hören Sie auf, Paul. Hier ist ein feuchter Lappen für die Hände. Wenn Sie möchten, kann ich Ihnen nachher beim Waschen behilflich sein. Und um Ihre Frage gleich vorab zu beantworten – auch das habe ich in den vergangenen Wochen übernommen, es ist also nichts Neues."

Sie verlässt das Zimmer und ich lege mich erschöpft zurück und schließe für einen Moment die Augen. Bis ich höre, dass die Tür geöffnet wird.

„Möchten Sie ein wenig schlafen, Paul? Dann setze ich mich derweil an den Schreibtisch und lese."

„Nein, Conny, bitte setzen Sie sich zu mir. Ich glaube, ich habe doch lange genug geschlafen, nicht wahr?"

Sie nickt und nimmt wieder auf dem Stuhl neben meinem Bett Platz. „Ich arbeite nicht mehr als Krankenschwester, die Zeiten sind schlechter geworden. Gerade auch im Gesundheitswesen wurden viele Einsparungen vorgenommen. Nach fünfzehn Jahren kam auch für mich das Aus. Danach habe ich mich oft vergeblich beworben. Wahrscheinlich lag es an meinem Erscheinungsbild, dass man mich zwar aufgrund meines Bewerbungsfotos und den Zeugnissen zu Vorstellungsgesprächen einlud, aber letztendlich kam nach jedem Gespräch eine schriftliche Absage. Die üblichen Höflichkeitsfloskeln über das Bedauern, sich für eine andere Bewerberin entschieden zu haben, wobei vielerlei Faktoren eine Rolle spielten, die man natürlich nicht benannte. Und da ich meinen Beruf immer gern ausgeübt habe, bin ich auf die Suche nach etwas Ähnlichem gegangen, wo ich mit Menschen zu tun habe, die meine Hilfe benötigen. So bin ich an die Obdachlosenvereine in der Stadt gekommen. Mal helfe ich in den Cafés und Wärmestuben aus wenn Not am Mann ist, mal in den Büros der Obdachlosenhilfe. Es macht mich nicht reich, aber dafür glücklich. Samstags habe ich einen Stand auf einem Öko-Wochenmarkt, den ich mit einer guten Freundin betreibe. Wir verkaufen dort unsere selbst angefertigten Produkte."

„Was sind das für Produkte, wenn ich fragen darf?"

„Oh, es wird Sie nicht interessieren, Paul. Es sind Schals, Tücher und Damentaschen, aus verschiedenen Materialien gefertigt. Filz, Seide, Leinen, Samt, bunt oder einfarbig, bestickt oder unbestickt, mit oder ohne Perlen und Fransen. Frauen mögen so etwas ja."

„Sie sind eine bemerkenswerte Frau, Conny."

„Es macht mir Freude, ich habe schon früher gern genäht, doch es fehlte die Zeit durch den anstrengenden Schichtdienst im Krankenhaus. Bis diese Freundin mich vor drei Jahren ansprach, ob ich mir nicht vorstellen könnte, mit ihr gemeinsam modische Accessoires anzufertigen, um sie dann gewinnbringend zu verkaufen. Ich hatte meine Abfindung, die man mir durch die Kündigung zahlte, gut angelegt, sodass ich einen Teil davon in Stoffe und andere Materialien und in eine vernünftige Nähmaschine investieren konnte.

Ja, und so bin ich heute zufriedener mit meinem Leben als jemals zuvor."

Ich könnte ihr stundenlang zuhören, wenn sie erzählt. Sie wärmt mein Herz und auch meine Seele.

„Ich muss Sie für einen Moment allein lassen, Paul. Jetzt, da sich Ihr Kreislauf ein wenig stabilisiert hat, müssen Sie wieder zu Kräften kommen. Ich werde hinunter in die Küche gehen und Ihnen eine Brühe und etwas Tee machen." Sie steht auf und schaut mich einen Moment lächelnd an.

„Conny?"

„Ja?"

„Danke für alles."

„Ich sagte es bereits. Ich habe es gern getan."

„Ich weiß. Könnte ich Sie noch um einen Gefallen bitten?"

„Natürlich."

„Würden Sie mir bitte eine Waschschüssel und ein Handtuch bringen?"

„Oh, das habe ich ganz vergessen. Selbstverständlich."

Als sie draußen ist, taste ich mit der Hand über mein Gesicht. Trotz des Vollbarts, den ich nun habe, fühle ich, dass mein Kinn spitz geworden ist.

Seltsam, noch vor einigen Wochen wäre es mir egal gewesen, doch jetzt verspüre ich eine nicht mehr gekannte Lust nach Leben.

Karen, da ist sie wieder. Ich schließe die Augen, um ihr näher zu sein. Sie lächelt mich an, nickend, sodass ihr

Haar dabei wippt. Und ich spüre die Tränen, die über meine Wangen laufen.

Es wird bereits dunkel, Conny hat die Tischlampe auf dem Schreibtisch angemacht, deren gelber Lichtkegel den Bücherstapel und die Zeitungen bescheint.

Ich spüre, dass langsam meine Kräfte zurückkehren, jetzt, da ich von der Brühe gesättigt bin und mich halbwegs sauber fühle.

Sie glaubt, dass ich schlafe, doch ich beobachte sie. Ihre Beine sind übereinander geschlagen. Wohlgeformte, kräftige Beine mit recht kleinen Füßen, die in bequemen Hausschuhen stecken. Sie ist in ein Buch vertieft, manchmal huscht ein Lächeln über ihr Gesicht, ein andermal legt sich ihre Stirn in Falten, als sorge sie sich um das, was in der Geschichte des Buches vor sich geht. Ihr linker Arm liegt auf der Schreibtischkante, sodass sie halb zu mir gewandt sitzt. Plötzlich dreht sie sich um und schaut mich an, als spüre sie, dass ich sie beobachte. Als sie es bemerkt, errötet sie wieder.

„Sie sind wach? Entschuldigen Sie, wie unhöflich von mir, dass ich hier sitze und lese." Sie legt das aufgeschlagene Buch mit den Seiten nach unten auf den Schreibtisch und kommt an mein Bett.

„Ich wollte Sie nicht stören, Sie waren so vertieft in Ihr Buch."

„Ach, das Buch kann warten. Möchten Sie etwas Tee?"

Ich nicke und sie gießt aus der Thermoskanne ein wenig Kamillentee in eine Tasse.

„Ich mache Ihnen etwas Licht, warten Sie."

Die kleine Lampe auf dem Nachtschrank neben meinem Bett ist wohl der einzig moderne Gegenstand in diesem Zimmer. Das Halogenlicht ist so hell, dass ich für einen Moment geblendet zur Seite schaue. Sie bringt den Lampenschirm in eine bessere Position und setzt sich zu mir.

Unten im Haus sind Schritte zu hören, dann das Klappen der Eingangstür.

„Ich bin gleich wieder zurück", entschuldigt sich Conny, dann verlässt sie das Zimmer.

In meinem Inneren macht sich eine nervöse Spannung breit, sodass ich wie gebannt auf die geschwungene Messingklinke der Tür starre. Es ist so ruhig, dass ich mein Blut in den Ohren zirkulieren höre.

Endlich sind Schritte auf der Treppe zu hören, je näher sie kommen, desto schneller schlägt mein Herz. Die Klinke wird heruntergedrückt, ich sehe zuerst Conny, die mich anlächelt, dann einen Männerarm, der in einer dunkelblauen Strickjacke steckt, bis sie zur Seite tritt und ich ungläubig in das Gesicht des Professors starre.

„Willkommen zurück im Leben, mein Freund."

„Herr Professor, Sie?", frage ich irritiert, und ich höre, dass meine Stimme zitternd und verunsichert klingt.

„Ja, ich. Sie sehen, das Leben geht manchmal doch recht ungewöhnliche Wege. Frau Cornelia und ich werden versuchen, Ihnen alles nach und nach zu erzählen, zu erklären."

Er schaut einen Moment lächelnd zu Conny und bedeutet mit einer Handbewegung, dass sie sich auf einen der beiden Stühle neben meinem Bett setzen soll. Dann nimmt auch er Platz.

„Fühlen Sie sich gekräftigt genug, mein Freund, um jetzt, zu doch schon recht fortgeschrittener Stunde, noch eine Unterhaltung zu führen?"

Ich kann bloß nicken, weil sich Fragen über Fragen in meinem Kopf aneinander reihen.

„Nun gut. Zuerst einmal muss ich ein wenig ausholen, denn Sie werden sich fragen, warum Sie sich hier in diesem Haus befinden. Es ist das Haus meiner Gönnerin, von der ich Ihnen damals, als wir uns begegneten, erzählte. Ende November vergangenen Jahres bat sie mich darum, ihr ein Versprechen abzunehmen. Sie ahnte wohl zu diesem Zeitpunkt, dass sie nicht mehr lange zu leben hatte.

Längst hatte sie ohne mein Wissen testamentarisch festlegen lassen, dass dieses Haus hier nach ihrem Tod auf mich übergehen sollte. Mit allem Inventar. Bis auf einige persönliche Dinge, die ihrer Tochter am Herzen lagen. Ich lehnte natürlich ab, wie sollte ich auch etwas annehmen, das mir nicht zustand. Doch es war mit ihrer Tochter so abgesprochen. Wie ich Ihnen damals erzählte, lebt sie mit ihrer Familie in Mailand. Es geht ihr finanziell sehr gut, sie ist nicht angewiesen auf das Haus, und doch war es auch in ihrem Sinne, dass das alte Familienanwesen nicht in fremde Hände fällt, was natürlich nach einem eventuellen Verkauf der Fall gewesen wäre. So erzählte meine Gönnerin ihrer Tochter von mir, von unserer Verbundenheit seit meiner Jugend. Dass sie mir Obdach gewährte und ich dadurch meine Studien weiterführen konnte. Ich habe mit mir gerungen, ob ich diese seltene Großzügigkeit überhaupt annehmen durfte. Doch es ging dabei um mehr – um das Lebenswerk meines ehemaligen Doktorvaters, das ich in seinem Sinne weiterführen sollte. Nun zähle ich nicht zu den Anhängern oder gar den Verfechtern des Materialismus, deren Lehre das Stoffliche das allein Wirkliche der Welt ist. Die behaupten, dass alles Nichtstoffliche, wie eben Geist und Seele, nur als seine Eigenschaft und Wirkung aufzufassen sei.

Doch ich durfte trotz aller Bedenken nicht ablehnen. Nur durch meine Zusage, das Erbe anzunehmen, war es der großherzigen alten Dame vergönnt, in Frieden zu gehen."

Der Professor macht eine Pause und reibt sich einen Moment mit Daumen und Zeigefinger über das rechte Augenlid, bevor er weiterspricht. „Ja, mein Freund, wie Sie sehen, bin ich nun ungewollt zu Besitz gekommen. Soweit erst einmal genug der Erklärungen dieses Haus und meine Anwesenheit betreffend. Ich glaube, Frau Cornelia kann nun das Wort übernehmen, um zu erklären, wie und unter welchen Umständen Sie hierher kamen."

Ich schaue zu Conny, die neben dem Professor sitzt, der ihr aufmunternd die Hand tätschelt, sodass ihr Gesicht wieder eine leichte Röte annimmt.

„Also gut." Sie lächelt mich an.

„Wie Sie aus eigener Erfahrung wissen, sind gerade die Feiertage für Menschen, die weder Familie noch ein Zuhause haben, besonders traurig. Und gerade deshalb sind die Türen einiger Obdachlosen-Cafés und Wärmestuben zu den Feiertagen geöffnet. Für eine warme Mahlzeit, für ein Dach über dem Kopf, ja, einfach dafür, nicht allein sein zu müssen, weil der Redebedarf gerade an solchen Tagen besonders groß ist. So habe ich, als Heinz, der genau wie ich auch allein lebt, mich fragte, ob ich an den beiden Weihnachtsfeiertagen im Café aushelfen könnte, zugesagt.

Am ersten Weihnachtsfeiertag, wir waren gerade dabei, den Mittagstisch vorzubereiten, hörten wir ein lautes Bellen draußen vor der Tür. Heinz ging hinaus um nachzuschauen. Als er die Tür öffnete, schlüpfte Ihr Hund an ihm vorbei in das Café …“

„Whiskey? Mein Whiskey?“

„Ja, Ihr Whiskey. Aufgeregt bellend lief er hin und her, bis er vor dem Tresen stehen blieb und sein Bellen sich mit einem kläglichen Winseln abwechselte. Ich hatte ehrlich gesagt keine Erinnerung daran, dass der Hund zu Ihnen gehörte. Doch Heinz erinnerte sich und er beschrieb Sie so genau, dass ich wusste, dass Sie gemeint waren.“

Sie schaut für einen Moment verlegen zu Boden.

Der Professor bemerkt es lächelnd, steht auf und geht zur Tür. Dort dreht er sich noch einmal um. „Ich bin gleich wieder zurück.“

Wir schweigen einen Moment, bis Conny mich ansieht.

„Wenn es Ihnen nichts ausmacht, Paul, können Sie versuchen, sich auf die Bettkante zu setzen, damit Ihr Kreislauf sich langsam wieder stabilisiert. Ich werde Ihnen noch etwas Tee eingießen." Sie ist mir behilflich beim Aufsetzen, schüttelt Kopfkissen und Decke auf und bleibt neben mir stehen.

Ich lege meine Hand auf ihren Arm. „Danke, Conny. Für alles."

Sie antwortet nicht darauf, sondern fragt nur: „Wie fühlen Sie sich?"

„Ehrlich?"

„Natürlich, ich bitte darum."

„Gut wie schon lange nicht mehr. Ein wenig schwindelig und kraftlos, aber das wird sicher vergehen."

„Natürlich wird es das. Wir haben Zeit. Wenn es Sie zu sehr erschöpft, können wir auch für heute Schluss machen. Morgen ist schließlich auch noch ein Tag."

„Das können Sie nicht mit mir machen, Conny. Ich glaube, ich habe lange genug geschlafen und genieße es nun, Ihnen zuzuhören. Außerdem bin ich neugierig."

Sie schüttelt lächelnd den Kopf. „Gut, Sie wollten es nicht anders."

„So, da bin ich wieder. Wie ich sehe, machen Sie tatsächlich Fortschritte. Gut, sehr gut." Der Professor hält zwei Weingläser und eine entkorkte Flasche in der Hand, die er auf dem Nachtschrank abstellt.

„Ich dachte mir, ein guter Tropfen bei unseren Erzählungen kann nicht schaden. Natürlich müssen Sie sich, mein lieber Freund, noch in Geduld üben. Ich hoffe, es stört Sie nicht, uns dabei zuschauen zu müssen."

„Keineswegs, Herr Professor, Rotwein wäre wirklich das Letzte, worauf ich jetzt Appetit hätte. Ich wurde bereits mit einer Tasse Tee versorgt."

„Sie können das Herr vor dem Professor weglassen, mein Freund. Ich muss mich Ihnen ohnehin erst einmal vorstellen. Mein Name ist Konrad Wagenknecht, Sie können mich aber auch weiterhin nur Professor nennen."

„So, ich glaube, das genügt erst einmal für den Anfang, Paul. Sie legen sich besser wieder hin."

Ich komme Connys Aufforderung nach und lege mich bequem in die Kissen zurück, gespannt auf ihre weiteren Erzählungen.

Der Professor hat inzwischen Platz genommen und die Beine übereinander geschlagen. Mir fällt auf, dass er die dunkle Hose, die er vorhin trug, gegen eine bequeme braune Cordhose getauscht hat, die an den Knien etwas ausgeblichen ist. Er greift nach den halb gefüllten Rotweingläsern, reicht eins an Conny und prostet uns zu.

„Auf uns alle. Darauf, dass die Hoffnung in uns nie stirbt." Er sieht mich an, eindringlich, doch ich halte seinem Blick stand und nicke ihm kaum merkbar zu.

Mir wird seltsam warm, sodass ich am liebsten darum bitten würde, für einen Moment das Fenster zu öffnen.

„Fahren Sie nur fort, meine Liebe, unserem Freund von der Treue seines Hundes zu erzählen."

Conny stellt ihr Weinglas auf dem Nachtschrank ab und schaut mich an. „Ja, auf jeden Fall kam es Heinz komisch vor. Er sagte, dass der Hund niemals ohne Sie gekommen wäre, dass etwas passiert sein musste. Heinz lief nach draußen um nachzuschauen, da kam gerade der Herr Professor zur Tür herein."

Mit einer Handbewegung bittet er Conny lächelnd um Einhalt. „Verzeihen Sie, meine Liebe, dass ich Sie unhöflicherweise unterbreche. Ich sehe, dass unser Freund nicht ganz den Zusammenhängen folgen kann. Sehen Sie, Paul, ich bin an diesem ersten Weihnachtsfeiertag in das Café gekommen, weil ich gehofft hatte, Sie dort anzutreffen. Die Erinnerung an Sie ließ mich seit unserer ersten Begegnung nicht los."

Ich würde dem Professor gern antworten, dass auch ich oft an ihn gedacht habe, dass ich sogar Enttäuschung verspürt habe, damals, als ich wieder das Café betreten und ihn nirgendwo entdeckt habe. Doch es würde nicht glaubhaft klingen, deshalb schweige ich und höre nur zu.

„Ich wollte Sie bitten, mit mir gemeinsam die Weihnachtsfeiertage hier in diesem Haus zu verbringen. Ich wollte Ihnen behilflich sein, nicht mehr vor der Vergangenheit davonzulaufen. Ja, vielleicht wollte ich Sie einfach retten."

„Ach, Professor ..." In meinem Hals hat sich ein Kloß breitgemacht, und obwohl ich es nicht möchte, spüre ich, dass meine Augen in Tränen schwimmen.

Er beugt sich nach vorn und legt für einen Moment seine Hand auf meinen Arm.

„Wenn auch auf eine ganz andere Weise als beabsichtigt, ist es uns dennoch gelungen. Nicht wahr, Frau Cornelia?" Er schaut mit einem Lächeln zu Conny, und ich sehe, dass auch sie Tränen in den Augen hat. Sie antwortet nicht, sondern nickt nur zur Bekräftigung seiner Worte.

„Als Erstes sah ich Ihren Hund, der aufgeregt bellend vor Heinz aus dem Café lief. Ich konnte die Zusammenhänge nicht verstehen, deshalb sah ich mich suchend nach Ihnen um. Als Heinz mit dem noch immer sehr aufgeregten Tier zurückkam, ging ich auf ihn zu und fragte nach Ihnen. Doch er konnte mir auch keine Auskunft über Ihren Verbleib geben. So nahmen wir an, dass irgendetwas passiert sein musste, denn Ihr Hund gab keine Ruhe, sondern lief noch immer bellend und winselnd zwischen uns und der Eingangstür hin und her, als bitte er um Hilfe. So machte ich den Vorschlag, mit dem Tier zu gehen, weil wir uns sicher waren, dass er mich zu Ihnen führen würde. Frau Cornelia sagte, dass sie Krankenschwester sei, und bot ihre Hilfe an, trotz der vielen Arbeit im Café. Heinz telefonierte nach Ersatz, und so begaben wir uns auf den Weg." Er macht eine Pause, nimmt einen Schluck Rotwein, stellt das Glas auf seinem Knie ab und bedeutet Conny weiterzuerzählen.

Mit zitternder Stimme, als rege sie die Erinnerung sehr auf, beginnt Conny zu erzählen. „Whiskey lief vor uns her, immer wieder drehte er sich nach uns um. Wenn der Abstand zwischen uns zu groß wurde, kam er ein Stück zurückgelaufen, bellte uns an, als wolle er sagen, nun macht schon! Wir liefen durch Straßen, die wir nicht kannten, ganz auf das Wissen des Hundes vertrauend. Es begann wieder zu schneien, sodass wir ihn manchmal vor lauter Schneetreiben aus den Augen verloren. Doch an seinem energischen Bellen konnten wir ihn immer wieder ausmachen. Hinter uns lag fast eine Stunde Fußweg quer durch die Stadt, als Whiskey plötzlich vor einer Haustür stehen blieb. Sein Bellen war einem Jaulen gewichen und wir wussten, dass wir angekommen waren.

Als wir den Hausflur betraten, lief er vor uns her, die Treppen hinauf. Sich immer wieder umsehend, ob wir auch wirklich noch da waren. Dann sahen wir Sie liegen, Paul. Auf dem Treppenpodest des zweiten Stockwerks." Sie sieht mich nicht an, ihr Sprechen ist jetzt nur ein Flüstern. „Ich, wir …" Hilflos sieht sie zum Professor.

„Ja, mein Freund, wir dachten, Sie wären tot. Doch Frau Cornelia fasste sich schneller als ich. Sie kniete sich neben Sie, fühlte Ihren Puls, legte ihren Kopf auf Ihren Brustkorb, um den Herzschlag zu kontrollieren. Dann sagte sie, *er lebt*, und diese beiden Worte bedeuteten Weihnachten."

Für einen Moment muss ich die Augen schließen, ich wäre jetzt gern allein. Mein Verstand wehrt sich, doch ich spüre sie. Liebe. Sie ergreift Besitz von mir, mehr und mehr, sodass sich eine wohlige Wärme in mir ausbreitet.

Gott, was tust du?

„Paul? Geht es Ihnen nicht gut? Wollen wir für heute Schluss machen?"

Ich öffne die Augen.

Conny hat sich über mich gebeugt.

„Nein, bitte erzählen Sie weiter. Ich, ich … "

„Es ist gut, mein Freund. Ich weiß, was Sie sagen wollen. Es ist gut, wirklich."

Der Professor steht auf und geht zum Fenster. Ich kann sein Spiegelbild in der von der Schreibtischlampe beschienenen dunklen Scheibe sehen. Ich denke an damals, an unsere erste Begegnung im Obdachlosen-Café, als er von seiner Frau Odette erzählte.

„Ich erinnerte mich an Ihre Ablehnung, überhaupt einen Arzt aufsuchen zu wollen. Deshalb verwarfen wir die Idee, Sie in ein Krankenhaus einliefern zu lassen. Sie hatten hohes Fieber und eine sehr, sehr böse Lungenentzündung, die Sie fast das Leben gekostet hätte." Er dreht sich langsam um, greift nach dem aufgeschlagenen Buch, in dem Conny am Nachmittag gelesen hat, lächelt und legt es wieder zurück.

„Ich bin gewiss kein Verfechter des technischen Fortschritts, mein Freund. Sie mögen mich für einen verschrobenen alten Kauz halten. Diese Mobiltelefone, die in meinen Augen zu einem erheblichen Kommunikationszerfall zwischen den Menschen beitragen, können manchmal doch auch Leben retten. So wie in Ihrem Fall. Dank Frau Cornelia, die solch ein Gerät besitzt, konnten wir Hilfe anfordern. Einen guten Freund aus alten Tagen, eine Koryphäe auf dem Gebiet der Inneren Medizin. Er war auch der Arzt meiner alten Gönnerin – zumindest inoffiziell. Denn er hat die Siebzig längst überschritten, ein Alter, in dem man nicht mehr praktizieren darf, weil der Staat es so vorschreibt. Die kleine Privatklinik führt inzwischen der älteste Sohn. Nun ja, ich schweife ab in meinen Erzählungen." Er macht einen Moment Pause und setzt sich wieder zu uns.

„Ich rief ihn an und bat um Hilfe. Er nahm die Erstversorgung noch auf dem Treppenpodest vor, sonst hätten Sie den Transport in seine Klinik wahrscheinlich nicht überlebt. Es stand lange Zeit sehr, sehr ernst um Sie, mein Freund."

„Ich weiß nicht, wie ich das alles jemals wieder gutmachen soll. Ich besitze kein Geld, um für die Behandlungskosten aufzukommen."

Der Professor lächelt wieder. „Darüber müssen Sie sich nun wirklich keine Gedanken machen. Es ist alles beglichen."

„Aber …"

„Bitte kein Aber. Wir werden ein andermal darüber reden. Doch nun lassen Sie mich weitererzählen."

Ich nicke seufzend, weil ich merke, dass er in dieser Sache keine Widerworte zulässt.

„Es stand so schlecht um Ihren Gesundheitszustand, dass man Sie künstlich beatmen musste. Frau Cornelia zog sozusagen wieder den Schwesternkittel über. Nicht wahr, meine Liebe?"

Conny errötet und erwidert etwas schüchtern sein Lächeln.

„Ja, das habe ich getan. Als sich Ihr Zustand nach fast drei Wochen gebessert hatte und Sie nicht mehr künstlich beatmet werden mussten, wurde es Zeit, Sie hierher zu bringen. Denn die Klinik ist, wie der Herr Professor bereits erwähnte, doch recht klein, die Bettenkapazität nur gering. So wurden die wichtigsten Gerätschaften hierher gebracht, der Herr Doktor kam zweimal täglich, um nach Ihnen zu sehen."

„Frau Cornelia ist zu bescheiden, mein Freund. Ich möchte Ihnen nicht verschweigen, dass sie Tag und Nacht, mit nur wenigen Unterbrechungen, Ihre Pflege übernommen hat. Bis mein alter Freund, Doktor Lebermann, endlich die freudige Botschaft verkündete, dass es nun nicht mehr länger notwendig wäre, Sie durch Infusionen ruhigstellen zu müssen. Ich bin kein Mediziner, Frau Cornelia wird Ihnen alles nach und nach viel besser erzählen können."

„Ich stehe tief in Ihrer beider Schuld. Und doch habe ich nichts weiter als meine Dankbarkeit. Ich werde Ihre Hilfe solange ich lebe nicht vergessen."

„Es ist gut, mein Freund. Wir haben es gern getan. Und nun würde ich sagen, gehen wir alle langsam zu Bett. Es ist spät geworden. Sie müssen noch recht vorsichtig mit Ihren Kräften haushalten. Eine gute Nacht."

„Gute Nacht, Professor."

Er steht auf, nimmt die beiden Gläser und die noch halb volle Weinflasche und verlässt das Zimmer.

Conny ist aufgestanden, geht zum Fenster, öffnet es und bleibt einen Moment mit dem Rücken zu mir gewandt dort stehen.

„Ich lasse ein wenig frische Luft herein, das wird Ihnen gut tun."

Wie still es draußen ist. Trotz der Dunkelheit kann ich die Spitzen zweier Tannen erkennen, die leicht im Abendwind hin- und herschwanken. Alles wirkt so friedlich.

Ich möchte jetzt nicht darüber nachdenken, wie meine Zukunft aussehen wird. Alles hat sich geändert. Ich habe mich verändert.

„Conny?"

„Ja?" Sie dreht sich zu mir um.

„Darf ich Sie etwas fragen?"

Sie schließt das Fenster und kommt an mein Bett zurück. „Natürlich, Paul."

„Sagen Sie mir bitte ehrlich, warum tun Sie das alles für mich?"

„Ich sagte Ihnen bereits, dass mein Beruf es mit sich bringt. Sicher hat es auch etwas mit meiner inneren Einstellung zu tun. Und außerdem ..." Erschrocken schaut sie zur Seite.

„Außerdem was?"

„Ich mag Sie einfach. Sie sind anders als andere. Und ich denke, dass es jetzt besser ist, wenn Sie zur Ruhe kommen. Mein Zimmer liegt nebenan. Ich werde im Laufe der Nacht nach Ihnen schauen, ob auch alles in Ordnung ist. Müssen Sie noch einmal zur Toilette?"

Ich nicke nur und sie gibt mir die Pfanne, bevor sie mich für einen Moment allein lässt.

Ich höre, wie im unteren Teil des Hauses eine Tür geöffnet wird. Dann Hundegebell. Whiskey. Es ist

Whiskey. Ich würde gern zum Fenster laufen und ihm sagen, dass ich hier oben bin. Mein guter Alter, wie ich mich nach ihm sehne. Morgen, morgen werde ich ihn vielleicht sehen dürfen.

Nach etwa zehn Minuten klopft es an der Tür. Es ist Conny, die mir Zahnputzzeug und eine Schüssel mit Wasser bringt. Sie wartet, bis ich mich gewaschen und mir die Zähne geputzt habe, dann schüttelt sie noch einmal die Betten auf, bevor sie mir eine gute Nacht wünscht und sich in ihr Zimmer begibt.

Erschöpft liege ich in der Dunkelheit des Zimmers und doch kann ich nicht einschlafen. Zu viele Dinge gehen mir durch den Kopf und ich frage mich, was mit mir geschehen ist, dass die Sehnsucht nach meinem eigenen Tod, die Müdigkeit von der Last des Lebens, die ich zuvor verspürte, immer mehr zu schwinden scheint. Es ist nicht richtig und ich fühle mich nicht gut, jetzt, da ich allein bin und in Ruhe nachdenken kann. Doch hätte Gott es gewollt, so hätte er mich sterben lassen.

„Karen, Christoph, Sophie, wo seid ihr?", flüstere ich in die Stille der Nacht. Ich schließe die Augen und versuche, sie mir ins Gedächtnis zu rufen. Karen, die ich immer lieben werde. So lange ich lebe.

Draußen wird es langsam hell. Vom Bett aus kann ich die prallen Wolken erkennen, ihre verschiedenen Grautöne, Regen verkündend. Wenn ich den Kopf hebe, spüre ich eine Schwere, einen hämmernden Schmerz über den Augen, von der unruhigen Nacht und dem

leichten Schlaf, aus dem ich immer wieder hochge-
schreckt bin.

Angestrengt versuche ich, die Traumbilder aneinan-
derzureihen. Karen und die Kinder. Dann wieder der
Professor und Conny. Ein wirres Durcheinander.

Nebenan klappt eine Tür. Schritte auf dem Flur, die
sich entfernen. Wieder das Klappen einer Tür. Das
Geräusch von Wasser.

Ich setze mich auf die Bettkante, meine Füße berühren den kalten Boden. Kein Schwindel. Es zieht
mich zum Fenster und für einen Moment überlege ich,
ob ich es wagen soll aufzustehen. Das Zimmer ist recht
lang, ungefähr acht Meter vom Bett bis zum Fenster.
Ich hänge mir die Bettdecke über die Schultern und
stehe auf. In meinem Kopf beginnt es sich zu drehen,
nur ganz leicht. Doch ich wage es trotzdem. Langsam
taste ich mich an der rechten Wand entlang bis zum
Bücherregal. Für einen Moment bleibe ich stehen um
auszuruhen und schaue auf die Goldschrifttitel der
Buchrücken: *Lateinische Literatur, Brockhaus Enzyklopädie, Enzyklopädie der Philosophie und Wissenschafts-
theorie, Untersuchungen zur Phänomenologie und Theorie der Erkenntnis, Gesammelte Schriften.* Dann fällt
mein Blick auf drei Bände und ich lese: *Essays von
Michel de Montaigne.*

„Oh Monsieur, wir haben bereits Bekanntschaft miteinander gemacht." Ich verbeuge mich vor den Büchern und muss über mich selbst lachen.

„Ihr werdet mir verzeihen, Monsieur de Montaigne,
ich wollte Euch nicht kränken, meine Hochachtung ist

durchaus ehrlich gemeint. Ich weiß nicht, ob Ihr es wisst, aber Ihr wart oder besser gesagt, Eure Theorien waren es, die mich damals, als der Professor sie zitierte, sehr beeindruckt haben. Ihr und der Professor habt mein Leben verändert. Euch gebührt mein Dank. Auf immer und ewig." Vorsichtig fahre ich über die Buchstaben seines Namens.

Nur noch wenige Schritte, dann habe ich den Schreibtisch erreicht. Ich ziehe den Stuhl ein Stück hervor und setze mich. Mein Herz schlägt schneller von der ungewohnten Anstrengung des Laufens.

Das Buch, in dem Conny gestern gelesen hat, liegt noch immer mit den Seiten nach unten auf dem Schreibtisch. Ich schaue auf den roten Einband. Hesse – *Wer lieben kann, ist glücklich* – *Über die Liebe*.

Mir fällt der Steppenwolf ein, das Einzige, was ich je von ihm gelesen habe.

Auf dem hinteren Buchdeckel steht geschrieben:

Weich ist stärker als hart,
Wasser ist stärker als Fels,
Liebe ist stärker als Gewalt.

Ich nehme es in die Hand und drehe es um. Seite fünfzig, die ersten Zeilen eines Zitats:

Daß jede Liebe ihre tiefe Tragik hat, ist doch kein Grund, nicht mehr zu lieben!

Vorsichtig lege ich das Buch wieder an seinen Platz zurück und stehe auf. Das eben Gelesene klingt in mir nach. Ich werde später darüber nachdenken. Später.

Kalte, feuchte Luft schlägt mir entgegen, als ich das Fenster öffne. Für einen Moment schließe ich die Augen und atme tief durch, bis meine Lungen prall mit Sauerstoff gefüllt zu sein scheinen. Dann atme ich langsam aus und öffne die Augen.

Mit der linken Hand stütze ich mich am Fensterkreuz ab, mit der rechten ziehe ich die Bettdecke fester um meinen Körper.

Vor mir erstreckt sich ein weitflächiges Anwesen, das ich von hier aus nicht vollständig überblicken kann. Obstbäume, dahinter meterhohe Tannen, auf der linken Seite ein Rondell aus Buchsbäumen und unzählige Beete säumen den Rasen, der jetzt im Winter stellenweise eine bräunliche Farbe angenommen hat. Unter mir liegt eine weiße breite Steintreppe, auf dem Podest moosgrün verwitterte Pflanzkübel, der Inhalt braun und vermodert, auf den Blättern Reste von gefrorenem Schnee. Zwei weiße Steinputten auf der untersten Stufe.

Ich lehne mich ein wenig aus dem Fenster, um sie besser sehen zu können.

Rechts ein pinkelnder Knabe mit einem umlaufenden Gewand, zu linker Seite eine Putte, dem Erzengel Gabriel ähnlich, einen Blumenkranz haltend. Auch an ihnen Spuren von Verwitterung.

Allmählich spüre ich die feuchte Kälte an mir hochkriechen, deshalb schließe ich das Fenster wieder.

„Paul! Um Gottes willen, was machen Sie da am Fenster?! Sie sollten doch nicht allein ... Wie unvernünftig von Ihnen!"

Ich drehe mich um und schon ist Conny hinter mir, legt meinen linken Arm um ihre Schulter und führt mich zum Bett zurück.

„Und barfuß sind Sie auch, hoffentlich geht das gut aus! So, kommen Sie, langsam, ja, so ist es gut."

Ich schaue auf ihr blondes Haar, von dem ein leichter Duft von Apfelshampoo zu mir hochsteigt, jetzt, da sie den Kopf gesenkt hält, um auf meine Füße zu sehen. Ich fühle mich wie ein Kleinkind, das gerade laufen lernt.

Als ich mich auf das Bett setze, spüre ich eine leichte Erschöpfung, und trotzdem merke ich, dass meine Kräfte wiedergekommen sind.

„Kommen Sie, legen Sie sich hin. Mein Gott, Ihre Füße und die Unterschenkel sind ja eiskalt." Sie breitet die Decke über mir aus, nachdem sie das Kopfkissen aufgeschüttelt hat.

„Danke, Conny, und guten Morgen."

Sie setzt sich zu mir auf die Bettkante.

„Entschuldigen Sie bitte, Paul. Guten Morgen. Warum waren Sie so unvernünftig? Sie hätten warten sollen bis ich komme. Wenn Sie nun gefallen wären nach all den Wochen des Liegens. Ihr Kreislauf ist noch nicht stabil genug, als dass Sie allein auf Wanderschaft gehen können." Sie trägt heute ein flaschengrünes Strickkleid, das ihr gut steht. Das Oberteil ist gerade geschnitten, mit einem V-Ausschnitt, der glockige Rock erst auf Höhe der Oberschenkel angesetzt. An ihrem Handgelenk glitzert ein buntes Glasperlenarmband, in dessen Steinen sich vereinzelt die Farben des Kleides wiederfinden.

„Ach Conny, nun schimpfen Sie doch nicht mit mir."

„Ich schimpfe nicht, ich sorge mich nur um Ihre Gesundheit, Paul." Sie lächelt mich an.

„Sehen Sie, wenn Sie lächeln, sehen Sie viel hübscher aus." Sie zupft verlegen an meiner Bettdecke, ohne eine Antwort zu geben.

„Wann werden Sie mir denn offiziell die Erlaubnis erteilen aufzustehen? Ich würde gern duschen, wenn es dem Professor recht ist. Und dieser Pyjama, den ich hier trage, gehört mir auch nicht. Wo sind eigentlich meine Sachen? Liegen sie noch in dem Abrisshaus?"

„Ach Paul, wo denken Sie hin! Natürlich haben wir Ihr Gepäck mit hierher genommen. Ihre Kleidung ist sauber gewaschen."

„Danke."

„Schon gut. Der Pyjama ist übrigens ein Geschenk des Herrn Professors. Er hat mich gebeten, ihn kaufen zu gehen. Diesen und einen zweiten."

„Mir ist das alles sehr unangenehm. Ich werde viel Leergut sammeln müssen, um meine Schulden abtragen zu können."

„Nun hören Sie aber auf! Das sollte wirklich das Letzte sein, worum Sie sich jetzt Gedanken machen. Zuerst werden Sie einmal in aller Ruhe gesund. Und außerdem, ich meine, es geht mich ja nichts an … "

„Was geht Sie nichts an?"

„Ich meine, Sie haben doch nicht etwa vor, wieder auf der Straße zu leben?"

„Mein Platz ist dort draußen."

„Nein, Paul. Er muss nicht dort draußen sein. Es ist nie zu spät, sein Leben zu ändern."

Ich antworte nicht darauf, vielleicht erwartet sie auch keine Antwort.

„Wann darf ich Whiskey sehen?"

„Heute Vormittag wird der Doktor nach Ihnen schauen. Wenn alles in Ordnung ist, wird sicher nichts dagegen sprechen, dass Whiskey zu Ihnen ins Zimmer darf. Aber zuerst einmal werde ich Ihnen Wasser bringen, damit Sie Ihre Morgentoilette verrichten können. Ich denke, in zwei oder drei Tagen können Sie immer mal wieder für kurze Zeit das Bett verlassen, um zur Toilette zu gehen oder zu duschen.

So lange müssen Sie sich leider noch gedulden. Und während Sie sich jetzt waschen, gehe ich hinunter in die Küche, um für uns alle das Frühstück zuzubereiten. Für Sie gibt es heute erst einmal nur Schonkost, aber auch das geht vorüber."

„Danke, Conny."

Lächelnd verlässt sie das Zimmer.

Kapitel 6

Die ersten warmen Sonnenstrahlen streicheln mein Gesicht. Es ist recht mild, obwohl es erst Ende Februar ist. Whiskey versucht, in der harten Erde ein Loch zu buddeln, er hebt den Kopf, schaut mich mit dem linken Auge schielend an und bellt. Seit unserem Wiedersehen vor einigen Wochen weicht er nicht mehr von meiner Seite.

„Mein dummer Alter, die Erde ist gefroren, da wirst du wohl noch warten müssen. Außerdem wird der Professor mit dir schimpfen, wenn er sieht, dass du hier Löcher buddelst. Komm, komm her zu mir."

Er schaut mich mit schräg gelegtem Kopf an, als überlege er einen Moment, ob er meiner Aufforderung folgen soll, dann kommt er langsam angetrottet. Meine Hand streichelt das borstige Fell, sodass er für einen Moment die Augen schließt und sich an mein Bein schmiegt.

„Der Professor schimpft nicht."

„Oh, Professor, ich habe Sie nicht kommen hören."

„Ich habe Sie vom Fenster meines Arbeitszimmers aus beobachtet, Paul. Und da dachte ich mir, ich leiste Ihnen ein wenig Gesellschaft. Es ist nicht gesund, immer nur die Nase in die Bücher zu stecken. Außerdem wollte ich Sie ohnehin um ein Gespräch bitten."

Er wird mir sagen, dass es an der Zeit ist zu gehen. Jetzt, da ich wieder genesen bin. Ich fühle mich gut, gekräftigt genug, mein altes Leben wieder aufzuneh-

men. Sie werden mir fehlen – der Professor und auch Conny. Seltsam, ich hätte nicht gedacht, dass mir noch jemals in meinem Leben jemand etwas bedeuten würde.

„Sagen Sie selbst, Paul, ist es nicht ein herrliches Anwesen? Die hohen, jahrealten Tannen, die vielen Obstbäume. Wenn ich recht erinnere, Apfel, Kirsch und Pfirsich, vielleicht auch Pflaume. Wir werden sehen. Über zweitausend Quadratmeter Land müssen bearbeitet und bewirtschaftet werden. Ich werde es nicht schaffen. Der Gärtner, der sich um das Grundstück gekümmert hat, ist ein alter Mann, der den Ruhestand wahrlich verdient hat. Eine fleißige Hand wäre hier dringend vonnöten. Ebenso für den Haushalt."

Ich nicke nur und schweigend gehen wir den gepflasterten Fußweg entlang, der bis hinter die Villa führt, wo sich ein Gewächshaus mit einer Orchideenzüchtung befindet. Hier erstreckt sich weiter das Anwesen, dessen enorme Größe erst jetzt ersichtlich ist – eingezäunt von einer hohen Mauer aus rotem Backstein, die zwischen den vielen Bäumen, Sträuchern und Büschen aus der Ferne zu erkennen ist.

„Na, mein Freund, was sagen Sie dazu? Gefällt es Ihnen?"

„Es ist großartig, Professor. Die Villa allein ist schon äußerst imposant. Aber das Anwesen … die knorrigen alten Bäume, die hohen Tannen mit ihren Zapfen an den Zweigen. Wie alt mögen diese Bäume sein?"

„Ich vermag es nicht zu sagen. Aus der Grundbucheintragung lässt sich nur ersehen, wann die Villa erbaut wurde. Der erste Besitzer war, wenn ich mich recht erinnere, um 1905 vermerkt. Bereits damals, als ich noch ein junger Student und in diesem Haus zu Gast war, ragten die Tannen schon in den Himmel. So schien es mir zumindest. Damals haben wir oft hier im hinteren Teil des Anwesens gesessen. Wir, das waren einige Studenten, die an den Wochenenden der Sommermonate bis in die Nacht hinein mit unserem Professor über die Grundlagen der Philosophie, über Literatur und Forschung diskutierten. Hier, sehen Sie …?" Er geht mir voran, bis er zwischen den kahlen Stämmen zweier Tannen stehen bleibt, die Arme von sich gestreckt, um die Erzählung zu verbildlichen. „… genau hier haben wir gesessen."

Bei der Erinnerung an damals leuchten seine Augen, sein Blick für einen Moment gedankenverloren, bis er den Kragen seiner dunkelbraunen abgeschabten Cordjacke hochschlägt, als fröstele ihn plötzlich. Fast zärtlich berührt er einen der wuchtigen Baumstämme.

„Es ist lange her. Kommen Sie, gehen wir ins Haus zurück."

Whiskey schnuppert neben uns an den heruntergefallenen Tannenzapfen, stößt sie spielend vor sich her und bellt sie an, als missfielen sie ihm.

„Es gefällt dir hier, was, Whiskey?" Der Professor bückt sich, hebt einen abgebrochenen Stock auf und wirft ihn einige Meter weit durch die Luft.

Whiskey rennt zu dem Stock, nimmt ihn ins Maul, kommt zu uns zurückgelaufen und legt ihn dem Professor vor die Füße.

„Ja, das macht dir Freude, nicht wahr? Das ist etwas anderes als das trostlose, traurige Leben auf der Straße. Du brauchst Auslauf, mein Guter. Hier, komm, hol dir den Stock!" Wieder wirft er ihn durch die Luft, sodass Whiskey freudig bellend über den Rasen jagt.

Ich antworte nicht darauf, weil ich weiß, dass der Professor recht hat. Ich bin ein schlechter Hunde-halter.

Wenig später sitzen wir in dem großen Salon im Erdgeschoss. Im Kamin brennen knisternd Holzscheite. Ich schließe für einen Moment die Augen. Karen, da ist sie wieder. Wie ich mich freue, sie zu sehen. Lächelnd kommt sie auf mich zu, ich greife nach ihren ausge-streckten Armen. Dann plötzlich Feuer, überall Feuer. Die Flammen schlagen immer höher. Sie rufen nach mir, Karen, Christoph, Sophie. Ich kann sie nicht fin-den. Alles ist voller Rauch. Nur das zerborstene Glas der Bilderrahmen auf dem Kaminsims ist zu erkennen, die verkohlten Fotografien.

„Paul! Paul, was ist mit Ihnen?!" Als ich die Augen öffne, sehe ich das Gesicht des Professors dicht vor mir.

„Entschuldigen Sie mich bitte, Professor." Ich stehe auf, um einen Moment vor die Tür zu gehen.

„Sie werden immer wieder davonlaufen, wenn Sie sich nicht der Vergangenheit stellen, mein Freund. Ich bin ein guter Zuhörer und würde Ihnen gern dabei behilflich sein. Sie müssen es nur zulassen."

Für einen Moment zögere ich, ob ich das Zimmer verlassen soll. Meine Hand hat bereits die Türklinke umfasst, ich müsste sie nur herunterdrücken. Doch irgendetwas hält mich zurück.

Er hat recht, ich weiß, dass er recht hat. Deshalb gehe ich zurück und nehme wieder in einem der beiden ockerfarbenen altmodischen Sessel mit den hohen Rückenlehnen neben dem Kamin Platz.

Zwischen uns ein kleines rundes Tischchen aus der Gründerzeit, darauf ein Tablett mit einer bauchigen Teekanne, beides aus Silber. Der Professor schenkt Tee nach. Der Duft von Kräutern, die mir fremd sind, steigt mir in die Nase.

„Zucker?"

Ich nicke und nehme ihm die Zuckerdose ab, die er mir entgegenhält.

Wir schweigen, nur das Klappern der Löffel während des Umrührens ist zu hören.

Whiskey hat sich vor die Füße des Professors gelegt und schläft. Lächelnd schaut er zu dem Hund hinab und nickt. Seine Beine sind übereinandergeschlagen, die Untertasse hat er auf dem Knie abgestellt.

„Ich sagte Ihnen vorhin bereits, dass ich gern etwas mit Ihnen besprechen würde, Paul. Wären Sie bereit, mir zuzuhören?"

„Natürlich. Sie wissen, dass ich Ihnen immer zuhöre, Professor. Mein Verhalten vorhin hatte auch nichts mit Ihnen zu tun."

„Ich weiß. Wissen Sie, mein Freund, ich möchte Sie nur ungern von hier fortgehen lassen. Deshalb will ich

Ihnen einen Vorschlag unterbreiten. Dieses Haus ist zu groß für mich allein. Ich erzählte bereits, dass ich es nicht haben wollte. Weder das Haus noch das dazugehörige Anwesen noch das Geld, das mich von heute auf morgen zu einem wohlhabenden Mann gemacht hat. Könnten Sie sich vorstellen, mit mir gemeinsam unter einem Dach zu leben?"

Ich setze an, um zu widersprechen, doch er hebt die Hand und gebietet mir Einhalt.

„Der Garten müsste bewirtschaftet werden. Man kann alles lernen, selbst das. Sofern man es möchte. Sie bekämen es monatlich vergütet. Selbstverständlich. Sie könnten umsonst hier wohnen. Ich möchte mich nicht an Ihnen bereichern. Das liegt mir fern. Und er, Ihr treuer Kamerad …" Er zeigt auf den schlafenden Whiskey. „… er hätte es wohl auch verdient. Wie auch immer Sie sich entscheiden werden, Paul, ich möchte, dass Sie wissen, dass meine Tür immer für Sie offen steht." Er trinkt seinen Tee aus und stellt die Tasse auf das Tischchen zurück. Sein Blick ist auf den Kamin gerichtet, in dem die Holzscheite langsam verglimmen, die unteren bereits zu weißer Asche zerfallen.

„Professor, ich danke Ihnen. Ich weiß Ihr Angebot wirklich zu schätzen. Doch ich muss ablehnen. Nicht, weil ich mich vor der Arbeit scheue. Das ist es nicht. Ich habe, oh mein Gott …" In meinem Hals hat sich ein Kloß gebildet, sodass mir selbst das Schlucken schwerfällt. Ich spüre seine Blicke auf mir ruhen und warte darauf, dass er etwas sagt. Irgendetwas, doch er schweigt. Ich schlage die Hände vors Gesicht, weil ich merke, dass die Vergangenheit jetzt heraus muss.

So erzähle ich ihm von meinem Schwur, den ich vor Gott abgelegt habe. Von dem Geld, das ich damals in der Kirche unter die Bibel legte. Von der schweren Schuld, die ich auf mich geladen habe, weil ich nicht da war, als Karen und die Kinder mich gebraucht hätten. Ich spüre die Tränen über meine Wangen laufen und fühle mich hilflos wie ein Kind.

„Es trifft Sie keine Schuld an dem, was passiert ist. Sie wünschen sich, dass es so wäre, weil Sie sich bestrafen wollen. Dafür, dass Sie einen späteren Flug nahmen, weil Sie noch mit Ihren Geschäftspartnern in einer Bar feierten. Haben Sie sich je gefragt, warum Sie den Flug verpassten? Dass es von dem da oben, oder vom Schicksal, oder wie auch immer, eventuell so gewollt war? Dass es vielleicht einen Sinn hat, warum Sie noch am Leben sind? Dass Ihre Aufgabe, die Ihnen in Ihrem irdischen Leben zugedacht ist, noch nicht zu Ende gebracht ist?"

Ich starre ihn an.

„Die Natur, mein Freund, hat auch Bitterkeit in den Tod gemischt, damit wir uns das Leben nicht ebenso fliehen, wie wir Angst vor dem Tod haben. Genau diese Angst ist das eigentliche Grauen, das vermieden werden könnte. Man muss den Tod einfach als Teil des Lebens hinnehmen. Unser ganzes Leben lang, von der ersten Stunde an, sterben wir, und mit dem letzten Tag kommen wir eben beim Tod an.

Montaigne. Der eine früher, der andere eben später."

„Es ist aber nicht gerecht."

„Ja, das ist es wohl nicht, zumindest erscheint es uns so, uns, die wir weiterleben dürfen. Doch irgendwann ist es auch an der Zeit, sich mit dem Schicksal zu versöhnen. Sich mit dem Geschehenen auseinanderzusetzen. Tut man es nicht, wird man nie seinen inneren Frieden finden, mein Freund. Deshalb denken Sie in aller Ruhe über mein Angebot nach. Ich werde Sie jetzt allein lassen, um noch ein wenig zu lesen. Im Übrigen ist man mit der Bitte an mich herangetreten, in kleinem Kreise Diskussionsrunden mit Studenten über die Studien und Erkenntnisse der modernen philosophischen Anthropologie zu führen. In etwa fünf bis sechs Wochen werden wir also zum ersten Mal in diesem Haus Gäste haben. Ich stellte die Bedingung, über Ort und Zeit zu bestimmen."

Er ist aufgestanden, Whiskey hebt den Kopf und blinzelt verschlafen. An der Tür dreht er sich noch einmal zu mir um. „Natürlich ist die Erkenntnis Jahrhunderte alt, dass ein Mensch ohne Besitz und Obdach in den Augen derer, die das alles haben, weniger wert ist, egal von welchem Stand auch immer er vor seinem Fall war. Und doch erschreckt sie mich, jetzt, da man sich nun wieder an mich erinnert."

„Kränkt es Sie nicht?"

„Nein, mein Freund, gewiss nicht. Würde es das, wären all die Jahre, in denen ich mich mit der menschlichen Seele befasse, umsonst gewesen.

Ach, und noch etwas, bevor ich mich nun bis zum Abend zurückziehe. Frau Cornelia wird demnächst als Hauswirtschafterin in meine Dienste treten. Eine außerordentlich fleißige und herzliche junge Frau, finden Sie nicht?" Er lächelt, und ohne eine Antwort abzuwarten, verlässt er das Zimmer.

In der großen Küche im Erdgeschoss des Hauses ist bereits der Abendbrottisch gedeckt. Conny, eine weiße Schürze um die Hüften gebunden, steht an dem altmodischen Herd und holt ein Blech mit dampfenden, knusprigen Frikadellen aus der Bratröhre, deren Geruch im Nu den gesamten Raum erfüllen. Suchend schaut sie sich um.

„Kann ich Ihnen behilflich sein, Conny?", frage ich und gehe zu ihr.

„Ja, Sie können mir die Bratenplatte reichen, die dort drüben auf dem Küchenschrank steht. Und dann sein Sie bitte so gut, Paul, und sagen dem Professor Bescheid, dass das Essen auf dem Tisch steht. Er hat wohl wieder einmal über seinen Büchern die Zeit vergessen."

Für einen Moment berühren sich unsere Hände, als sie mir die Bratenplatte abnimmt. Erschrocken sehen wir uns an, bis sie wieder errötet und auch ich spüre, dass die innere Wärme, die jetzt von mir Besitz ergreift, nicht nur von der Hitze des Ofens kommt. Irritiert verlasse ich die Küche, um den Professor zu holen.

Ich steige die dunklen Holzstufen in den zweiten Stock hinauf, wo sich sein Arbeitszimmer befindet, leichtfüßig, immer zwei Stufen auf einmal nehmend, ein Gefühl, das Jahre zurückzuliegen scheint, schön und fremd zugleich.

Auf mein Klopfen ertönt ein „Ja bitte!". Der Professor sitzt mit dem Rücken zu mir gewandt an einem wuchtigen alten Schreibtisch, auf dem sich Aktendeckel und Berge von losen Blättern stapeln. An den Wänden Regale voller Bücher, bis unter die Decke reichend. Der Geruch von vergilbtem Papier und Staub hängt in der Luft. Unter meinen Füßen knarren die Dielen, und erst als ich den verblichenen, bordeauxroten, gemusterten Teppich in der Mitte des Zimmers betrete, schluckt er für einen Moment die Geräusche.

„Entschuldigen Sie die Störung, Professor, aber das Abendessen steht bereits auf dem Tisch."

Er dreht sich zu mir um und schaut mich irritiert über den Rand seiner Nickelbrille an.

„Ist es schon wieder so weit, mein Freund? Ich habe wohl wieder einmal die Zeit vergessen. Nun ja, ich merke, dass ich ein alter Mann bin, dem sie wohl unter den Händen zerrinnt." Er nimmt die Brille ab, reibt sich über die müden Augen und steckt den Füllfederhalter zurück an seinen Platz. Seufzend erhebt er sich. „Kommen Sie, Paul, wir wollen sie nicht warten lassen. Es wäre unhöflich, wo sie so viel Mühe hatte."

„Sie sollten sich vielleicht doch mit dem Fortschritt der Zeit anfreunden, Professor. Es würde vieles leichter machen, wenn Ihre Aufzeichnungen und Studien archiviert würden. Man könnte auf dem PC eine Datenbank anlegen."

„Sie kennen sich damit aus, ich dachte es mir fast. Lassen Sie uns nach dem Essen bei einem guten Glas Wein gemeinsam darüber nachdenken."

„Professor?"

„Ja?"

„Ich denke, es ist an der Zeit, Ihnen heute Abend endlich meine Entscheidung mitzuteilen." Er schaut mich lächelnd an, ohne darauf eine Antwort zu geben.

Es ist lange her, seit ich zuletzt ein Gefühl von Geborgenheit verspürte. Doch jetzt, wo wir zu dritt an dem langen weißen Holztisch in der altmodischen, gemütlichen Küche des Hauses sitzen, vor uns die leer gegessenen Teller, jeder ein Glas Rotwein vor sich, fühle ich, dass es zurückgekommen ist. Seltsam, obwohl wir uns fremd sind, sind die beiden mir doch sehr nah.

Connys melodisches Lachen erklingt, als der Professor etwas zu ihr sagt. Im Schein der Kerzen wirkt ihr hübsches Gesicht wie das eines jungen Mädchens. Als sie meinen Blick bemerkt, bückt sie sich nach Whiskey, der unter dem Tisch zu unseren Füßen liegt, und beginnt sein Fell zu kraulen.

„Was halten Sie davon, Paul? Habe ich nicht recht?"

„Entschuldigen Sie, Professor, ich habe nicht zugehört."

„Ich sagte, dass wir unbedingt in nächster Zeit eine dieser Maschinen zum Geschirrspülen anschaffen müssen, damit Frau Cornelia es leichter hat."

„Sicher, wenn Sie es sagen."

„Sie mögen mich für altmodisch halten, Herr Professor, aber es macht mir wirklich nichts aus, das Geschirr mit der Hand zu spülen."

„Ich dulde in dieser Beziehung keine Widerworte, meine Liebe", antwortet der Professor mit scherzhaft erhobenem Zeigefinger.

Seufzend gibt sie sich geschlagen, steht auf und räumt die Teller vom Tisch.

Als sie sich wieder zu uns gesetzt hat, erhebe ich mein Glas. „Herr Professor, Conny. Ich habe Ihnen beiden etwas mitzuteilen. In den letzten Wochen hatte ich genügend Zeit, über mein Leben nachzudenken. Über die Vergangenheit und auch über die Gegenwart. Über die Zukunft nachzudenken macht keinen Sinn, man kann sie ohnehin nicht beeinflussen. Und doch kann ich nicht von hier fortgehen, bevor ich nicht abgearbeitet habe, was ich Ihnen beiden schuldig bin. Sie haben viel für mich getan, für mich, der ich Ihnen beiden doch fremd war. Dafür danke ich Ihnen. Deshalb werde ich Ihr Angebot, verehrter Professor, gerne annehmen. Sie haben von nun an einen Gärtner, einen Hausmeister, vielleicht auch jemanden, der Ihnen behilflich sein kann beim Archivieren Ihrer Studien in elektronische Dateien. Ich brauche nicht viel zum Leben. Materieller Besitz bedeutet mir nichts, das sagte ich wohl bereits. Es ist nur, dass Whiskey und ich ein Dach über dem Kopf und etwas zu essen haben."

Der Professor lässt sein Glas in der Hand kreisen, sodass die rote Flüssigkeit sacht darin hin- und herschwappt. Um seinen Mund liegt ein Lächeln und ich versuche in seinem Gesicht zu lesen, was er denkt. Bis er nach einigen Minuten des Schweigens seinen Kopf hebt und mich ansieht.

„Es freut mich sehr. Willkommen in Ihrem neuen Zuhause, Paul. Wir wollen erst gar nicht damit beginnen aufzurechnen, wer von uns wann etwas für den anderen getan hat oder in Zukunft tun wird. Da ist Frau Cornelia sicher ganz meiner Meinung, nicht wahr, meine Liebe?"

Connys Augen schwimmen in Tränen, deshalb nickt sie nur und senkt den Blick wieder. Sie berührt mein Herz, am liebsten würde ich sie in die Arme nehmen.

„Selbstverständlich werde ich Sie bezahlen, und – das müssen Sie mir jetzt nachsehen, mein Freund, auch darin dulde ich keine Widerworte. Und nun trinken wir auf unser aller Wohl und auf ein allzeit gutes Zusammenleben."

Der Frühling ist in die alte Villa eingekehrt – nicht nur kalendarisch.

Seit Tagen ist Conny damit beschäftigt, die Zimmer zu putzen, neue, farbenfrohe Übergardinen, Tischläufer und Kissenbezüge zu nähen. Der Professor lässt sie schmunzelnd gewähren, seit er bekanntgegeben hat, dass am letzten Samstag des Monats zum ersten Mal Studenten zu einer Diskussionsrunde kommen werden. Conny hatte damals rigoros angeordnet, dass die Zimmer des Hauses entstaubt werden müssten und, was ihr genauso wichtig erschien, dass nun, zu Beginn des Frühlings, ein wenig Farbe und Freundlichkeit dringend notwendig wären, denn die jungen Menschen von heute liebten es bunt und fröhlich, wo doch die Materie Philosophie an sich schon dunkel und ernsthaft wäre.

An manchen Tagen sitzt sie bis in die Nacht hinein an ihrer Nähmaschine, die seit ihrem Einzug in einem ehemaligen Mädchenzimmer im ersten Stockwerk des Hauses steht. Dort lagern auch ihre Stoffballen und all die anderen Utensilien, die sie zum Nähen der Taschen und Schals für den Marktstand benötigt.

Ich stehe am Türrahmen zur Küche und betrachte sie einen Moment. Sie ist schlanker geworden, ihre Hüften weniger ausladend, das Haar etwas länger, rechts hinters Ohr geschoben. Sie steht an der Spüle und putzt das Gemüse fürs Mittagessen, leise eine Melodie vor sich hin summend. Noch immer verursacht mir ihre Stimme eine Gänsehaut, deshalb schließe ich für einen Moment die Augen und lasse mich von ihr forttragen.

„Hallo, Paul, ich habe Sie gar nicht kommen hören!"

Erschrocken öffne ich die Augen.

Conny wischt sich die nassen Hände an der Schürze ab und sieht mich an. „Ist alles in Ordnung mit Ihnen?"

Ich nicke nur und beschließe, wieder an die Arbeit zu gehen. „Ich werde dann mal wieder."

„Möchten Sie einen Tee oder einen Kaffee, Paul? Gönnen Sie sich doch einfach mal eine Pause."

„Gönnen Sie sich denn eine?"

„Das war keine Antwort auf meine Frage. Tee oder Kaffee?"

„Später vielleicht, danke. Haben Sie einen Moment Zeit, Conny? Ich würde Ihnen gern etwas zeigen. Sie müssen aber die Augen schließen. Geben Sie mir Ihre Hand."

Es ist ihr unangenehm, auch wenn sie ihre Verlegenheit zu verbergen versucht.

Ihre Hand zittert leicht, als ich sie mit meinen Fingern umschließe. Ihre kleine warme, weiche Hand, deren Berührung mir einen wohligen Schauer verursacht.

„Ja, so ist es gut, kommen Sie. Vorsicht, jetzt die Stufen." Whiskey kommt angelaufen und bleibt mit schräg gelegtem Kopf am Fuß der Treppe stehen. Sein Auge wandert zwischen Conny und mir hin und her.

„Paul, was haben Sie vor?"

„Vertrauen Sie mir."

„Das tue ich."

Ich schaue sie an. Ihr leicht gerötetes Gesicht, die langen, dunklen Wimpern unter den leicht flatternden Lidern, den lächelnden Mund, der einen Teil ihrer oberen Zahnreihe freigibt.

„So, jetzt kommt die letzte Stufe. Kommen Sie, und nicht schummeln."

„Ich schummle nicht, was denken Sie von mir!"

Ich lege meinen Arm um ihre Schultern, um sie besser führen zu können. Wie klein sie ist, viel kleiner als Karen. Karen. Ich denke oft an sie. Anders als früher. Ohne dass es schmerzt, weil ich nicht mehr einsam bin. Seltsam, ich hätte nie gedacht, dass ich das einmal könnte. Es scheint von Mal zu Mal weniger zu werden. Als ich es das erste

Mal bemerkte, erschrak ich, weil ich annahm, dass es nicht richtig ist. Ich befürchtete, dass die Zeit mir die Erinnerung nehmen würde. Doch inzwischen weiß ich, dass es besser ist, so wie es jetzt ist. Weil es natürlich ist. Zu dieser Erkenntnis bin ich durch die Gespräche mit dem Professor gekommen. Er, der niemandem etwas aufdrängt, und schon gar nicht seine Meinung. Man kommt von selbst dahinter. Er hat mir einige Passagen der Schriften Schopenhauers zu lesen gegeben, aus denen hervorgeht, dass der Mensch zur Einsamkeit und gleichermaßen zur Gemeinsamkeit verdammt ist. Dieses Spannungsfeld zu bewältigen, ist eines der Hauptprobleme und somit auch eine der Aufgaben des menschlichen Daseins.

„Paul? Wie lange muss ich noch meine Augen geschlossen halten?"

„Oh, entschuldigen Sie, Conny. Wir sind da." Ich drehe sie ein Stück nach links, nehme meine Hand von ihrer Schulter und höre mich sagen: „Jetzt, jetzt können Sie die Augen öffnen."

Sie blinzelt einen Moment, dann schaut sie irritiert und mit offenem Mund auf das Kräuter-Refugium, das ich für sie geschaffen habe. Direkt hinter dem Haus, wo sich ein Hintereingang zur Küche befindet. Sie legt die Hand vor ihren geöffneten Mund und schüttelt ungläubig den Kopf.

Ich habe einen fünfzig Zentimeter hohen Holzzaun gezogen und ihn weiß lackiert. Genau wie die alte Holzbank, die nun in ihrem neuen weißen Anstrich glänzt und vor der Hauswand steht.

„Das ist für Sie, Conny. Sie sprachen doch einmal davon, wie schön es wäre, einen kleinen Kräutergarten anlegen zu können. Und so habe ich den Professor gefragt, ob er etwas dagegen hat, wenn wir Ihnen diesen Wunsch erfüllen. Sie kennen ihn, natürlich hat er nichts dagegen, er verehrt Sie sehr."

Noch immer liegt ihre rechte Hand auf dem Mund, ihre Augen wandern über die beiden Holzstiegen, in denen sich Töpfe mit Thymian, Rosmarin und Salbei befinden. Daneben offene Kartons mit vorgezogenen Kopfsalat-, Wirsing-, Rot- und Weißkohl-Setzlingen. Ein kleiner Korb mit Gemüsesamen. Die dunkle Erde frisch aufgelockert, für die Aussaat bereit.

„Ach Paul, Sie glauben gar nicht, welche Freude Sie mir damit machen! Mein Gott, das haben Sie wirklich für mich getan?" Ehe ich es begreifen kann, hat sie ihre Arme um mich gelegt und zieht meinen Kopf zu sich herunter. Dann spüre ich ihre weichen Lippen auf meinem Gesicht, als sie meine Wangen küsst.

„Danke, vielen Dank, Paul", höre ich sie in mein rechtes Ohr flüstern. Sie ist mir so nah, dass ein angenehmes Kribbeln über meinen Rücken läuft. Meine Arme legen sich wie von selbst um ihre Taille und ich höre mich nur „ich habe es gern getan" sagen.

Für einen Moment wünsche ich mir, dass dieser Augenblick der Nähe und Geborgenheit anhält, doch sie löst sich verlegen aus meinen Armen und bückt sich schnell zu Whiskey hinunter, um ihn zu streicheln. Er schließt vor Behagen beide Augen und streckt ihr den

Kopf entgegen. Amüsiert beobachte ich, dass ihr Gesicht wieder gerötet ist.

„Na, meine Liebe, ist das alles zu Ihrer Zufriedenheit von unserem Freund erledigt worden?" Wir drehen uns gleichzeitig um, der Professor kommt lächelnd auf uns zu, die Hände in den Hosentaschen seiner abgewetzten Cordhose vergraben.

Conny umarmt auch ihn, fragt: „Gestatten Sie, Herr Professor?", und ehe er überhaupt eine Antwort geben kann, liegen ihre Arme bereits um seine Schultern und auch ihm küsst sie die Wange.

Er ist berührt, für einen Moment scheint er fast ein wenig verlegen, bis er sich wieder sammelt und „Sie haben es sich wahrlich verdient, meine Liebe" auf Connys spontanen Ausbruch der Dankbarkeit antwortet.

„Ach, Herr Professor, Paul, ich kann es kaum glauben, dass Sie das alles für mich getan haben."

Der Professor bückt sich, um in den Korb mit den Gemüsesamen zu greifen. „Möhren, Lauch, Zwiebeln, Paprika und grüne Bohnen, meine Liebe. Wenn Sie noch etwas wünschen, sagen Sie es nur. Wir haben genügend Platz. Das Grundstück ist groß genug. Paul hatte vorgeschlagen, Frühkartoffeln zu legen. Natürlich nur, wenn Sie damit einverstanden sind. Wir lassen alles besorgen, von einer kleinen Gärtnerei ganz in der Nähe. Und übrigens: Unser Freund wird Sie beraten können. Seine abendliche Lektüre waren Bücher über Pflanzenkunde. Und wie ich finde, hat er seine Sache sehr gut gemacht."

„Ach, Professor ..." Ich winke ab, weil es mir unangenehm ist. Das, was ich tue, ist nichts im Gegensatz zu dem, was der Professor und Conny für mich getan haben.

„Nein, nein, mein Freund, Ihre Bescheidenheit in allen Ehren ..." Er geht zu der kleinen weißen Bank und bedeutet uns, dass wir uns zu ihm setzen sollen. Bevor er weiterspricht, zieht er eine Pfeife aus der Jackentasche und stopft sie mit Tabak aus einer kleinen runden Tabakdose.

„Sie rauchen Pfeife, Herr Professor?", fragt Conny.

„Es stört Sie beide hoffentlich nicht?" Er schaut von Conny zu mir, und da wir beide mit dem Kopf schütteln, zündet er die Pfeife mit einem Streichholz an.

„Ich weiß nicht, wie lange es her ist, dass ich zuletzt geraucht habe. Diese Pfeife hier habe ich in einer meiner Kisten wiederentdeckt. Sie war ein Geschenk meiner Frau Odette. Damals, als wir in Burgund lebten, saßen wir an den Abenden oftmals vor dem Haus, tranken ein gutes Glas Rotwein, und eines Abends reichte sie mir ein kleines Päckchen, in dem sich eben diese Pfeife und die Tabakdose befanden. Dabei hatte ich das Pfeiferauchen längst aufgegeben. Odette zuliebe, weil ihre Gesundheit schon damals angeschlagen war. Doch sie wollte nicht, dass ich auf lieb gewonnene Rituale verzichtete. Sie sagte mir, es würde sie glücklich machen, wenn sie sähe, dass wir am Ende eines Tages gemeinsam vor dem Haus säßen und der Geruch von Tabak uns umgebe, weil es ihr vertraut war. Sie wollte keine Veränderungen, weil sie wohl schon damals spürte, dass uns nur noch wenige gemeinsame Jahre vergönnt waren."

Conny hat ihre Hand auf den Arm des Professors gelegt. Er tätschelt ihre Hand und lächelt, dann zieht er an seiner Pfeife und pustet in kleinen Stößen den Rauch aus. Ein Duft von Vanille umgibt uns, Conny schließt für einen Moment die Augen.

Ich höre sie sagen: „Ich kann Ihre Frau verstehen, Herr Professor, ich mag den Geruch von Vanilletabak, er ist anders als stinkender Zigarettenqualm. Außerdem arbeiten Sie ohnehin zu viel, vielleicht gönnen Sie sich künftig doch ab und an eine Pause. Einen schönen Platz haben wir ja jetzt, hier hinter dem Haus."

Der Professor geht nicht darauf ein, stattdessen sagt er: „Tomaten. Wir werden später noch Tomatenstöcke anschaffen." Zufrieden lehnt er sich zurück.

„Ich werde Sie beide jetzt allein lassen. Das Mittagessen muss noch zubereitet werden. Und nach dem Essen werde ich mich um die Pflanzen kümmern. Ach, wie ich mich darauf freue!" Sie steht auf, um zurück in die Küche zu gehen.

Dann dreht sie sich noch einmal zu uns um. „Die vergangenen Monate mit Ihnen beiden war die bisher schönste Zeit meines Lebens." Ohne eine Antwort abzuwarten, geht Conny den gepflasterten Weg zum Hintereingang der Küche entlang.

Schweigend schauen wir ihr nach.

„Ein selten nettes menschliches Wesen, finden Sie nicht auch, mein Freund?"

Ich weiß nicht, worauf der Professor anspielt, deshalb nicke ich nur und beschließe, wieder an meine Arbeit zu gehen.

„Sie laufen wieder vor Ihren eigenen Gefühlen davon, Paul."

Ich schaue dem Professor fest in die Augen.

„Nein. Nein, das tue nicht."

„Dann ist es gut, mein Freund. Übrigens, Paul?"

„Ja?"

„Wir erwarten heute noch eine Lieferung. Hätten Sie am späten Nachmittag ein wenig Zeit für mich?"

„Natürlich, Professor."

Auch er steht auf, Whiskey kommt angelaufen und umkreist ihn schwanzwedelnd.

„Es ist gut, Alter, komm, der Professor hat jetzt keine Zeit, um mit dir zu spielen."

„Lassen Sie ihn ruhig, Paul." Lächelnd bückt er sich zu Whiskey hinunter und streichelt ihn. „Ja, ja, du hast ja recht, mein Guter. Man sollte sich an Versprechen halten. Nicht wahr? Ich wäre ein Narr, wenn ich es nicht täte. Du hast dein altes Hundeherz an mich gehängt."

Als wir vor dem Haus angekommen sind, zieht der Professor einen kleinen roten Gummiball aus seiner Hosentasche und wirft ihn durch die Luft.

Whiskey jagt ihm hinterher, wir vernehmen den grellen Quietsch-Ton, als er den Ball zwischen seine Zähne klemmt und nun langsam auf uns zugetrottet kommt, als müsse auch er seine Kräfte einteilen. Stolz legt er den Ball vor die Füße des Professors.

„Braver Hund. Das hast du fein gemacht, Whiskey. Noch einmal, ja? Möchtest du, dass ich ihn noch einmal werfe?"

Whiskey bellt wie zur Bestätigung, und der Professor wirft den Ball noch einmal.

„Sie werden aus Ihrer Rolle nur noch schwer herauskommen, Professor. Ich muss mich um die Rosenstöcke kümmern, sie sind erst zur Hälfte beschnitten. Wir sehen uns nachher."

Meine Hände liegen zitternd auf der Tastatur. Vor mir der Monitor, das leise Rauschen des Rechners, den ich gestartet habe. Es hat mich unvorbereitet getroffen, als am Nachmittag die vom Professor angekündigte Sendung eintraf. Er hatte nicht mehr darüber gesprochen, dass er mein Angebot, seine Daten zu archivieren, annehmen würde. Er, der den Fortschritt der Technik eigentlich ablehnt.

Seit ich hier lebe, habe ich kein Geschäft mehr betreten. Das Leben draußen interessiert mich noch immer nicht. So hat der Professor den Kauf eines Computers allein übernommen. Er hatte sich beraten lassen, darauf bestanden, das Beste vom Besten zu kaufen, und den Lieferservice in Anspruch genommen. Selbst an einen Computertisch hat er gedacht. Nun sitzen wir in meinem Zimmer, Conny hat eine Ecke für meinen neuen Arbeitsplatz freigemacht, die Verpackung ist entsorgt, ich habe alles installiert. Seltsam, dass man gewisse Dinge nicht verlernt, selbst wenn man sie über Jahre hinweg nicht mehr ausgeführt und die Technik sich weiterentwickelt hat.

Die Tastatur unter meinen Händen scheint zu glühen, die Finger bewegungslos, als hätten sie Angst, sich zu verbrennen. Bilder entstehen in meinem Kopf. Bilder aus der Vergangenheit. Sie sollen verschwinden. Auf meiner Stirn bilden sich Schweißperlen, mein Herzschlag ist viel zu schnell und in meinen Ohren zirkuliert das Blut. Ein unangenehmes Rauschen, das in meinem Kopf einen leichten Schwindel verursacht.

„Paul? Was ist mit Ihnen? Ist Ihnen nicht wohl?" Conny hat ihre Hand auf meine Schulter gelegt. „Mein Gott, Sie zittern ja! Herr Professor!"

Ich höre noch seine Schritte auf den knarrenden Dielen, ihre Stimmen, die sich immer weiter entfernen, bevor mich der Schwindel in die Dunkelheit fortträgt.

Für einen Moment frage ich mich, was geschehen ist. Ich liege auf dem Boden, ein Kissen unter dem Kopf, eine leichte Wolldecke über mir ausgebreitet, die Beine hochgelegt auf den Sitz eines Stuhls. Conny kniet neben mir. Ihre Hand legt einen feuchten Umschlag auf meine Stirn.

„Geht es wieder? Sie haben uns einen mächtigen Schreck eingejagt, Paul. Es ist alles in Ordnung, ein Kreislauf-Zusammenbruch. Ihr Blutdruck ist sozusagen in den Keller gesackt. Ich möchte damit sagen, dass wenigstens körperlich alles in Ordnung ist."

Sie legt ihren Arm unter meinen Kopf, damit ich mich ein wenig aufrichten kann, um etwas Wasser aus einem Glas zu trinken. Es tut gut, jetzt, da es meine ausgetrocknete Kehle hinunterläuft.

„Danke, Conny. Entschuldigen Sie bitte, dass ich Ihnen und dem Professor immer wieder Umstände bereite. Ich weiß nicht, was mit mir los ist."

„Sie müssen sich nicht entschuldigen, mein Freund. Alles ist menschlich. Auch das, was Ihnen widerfährt."

Ich drehe mich um. Hinter mir sitzt auf einem Stuhl der Professor und schaut mich an. Ich lese in seinen Augen, was er denkt. Und ich werde seine Hilfe annehmen, um auch die letzten Ängste in mir abzubauen.

Langsam richte ich mich auf. Meine Kleidung ist durchschwitzt, als wäre ich in den Regen gekommen. Fröstelnd lege ich die Decke um meine Schultern.

„Wir werden diesen Computer in den Keller tragen, mit all seinem Zubehör. Ich habe sowieso nie etwas von diesem modernen Zeug gehalten. Was muss ich mich auf meine alten Tage auch noch mit dem Fortschritt der Technik beschäftigen. Eine dumme Idee war das. Verzeihen Sie, mein Freund."

„Nein!" Ich erschrecke vor der Schärfe in meiner Stimme. „Nein, Professor. Sie trifft keine Schuld. Sie haben es gut gemeint, wollten mich überraschen. Ich selbst war derjenige, der Ihnen den Vorschlag unterbreitet hat, Ihre Aufzeichnungen und Studien in einer elektronischen Datenbank zu archivieren. Und ich werde mein Versprechen halten. Vielleicht …"

„Ja?"

„Vielleicht hätten Sie morgen ein wenig Zeit für mich."

Wieder nickt er lächelnd, als könne er meine Gedanken lesen.

Die warme Junisonne wärmt mein Gesicht, das ich ihr jetzt, nach getaner Gartenarbeit, für einen Moment entgegenstrecke. Ich lasse meine Augen über die Rosenbeete wandern. Rosafarbene, weiße und gelbe Blüten schälen sich nun mit aller Macht aus dem Grün der Knospen. Die Schneeballhortensien unweit der Gartenmauer, deren weiße runde Köpfe in den ausladenden Sträuchern sacht im leichten Frühsommerwind hin- und herschaukeln, als nickten sie mir zu, leuchten mit den Rosen um die Wette. Erwachendes Leben, wohin ich auch schaue.

Ich sitze auf den Stufen der Villa, vom hinteren Teil des Hauses ist das Klappern von Töpfen und Geschirr zu hören, dann Connys sanfte Stimme, die eine Melodie summt. Ich kenne diese Melodie, doch es will mir auch jetzt nicht einfallen, zu welchem Lied sie gehört.

Oben, im Arbeitszimmer des Professors, wird ein Fenster geöffnet, Wortfetzen dringen zu mir herunter. Dann die Stimme des Professors, besonnen und um Ruhe bittend. Seit er die Diskussionsrunden mit den Studenten führt, hat er sich verändert. Er nimmt wieder mehr am Leben teil, sitzt nicht nur von früh bis spät in die Nacht hinein über seinen Studien. Es ist, als wäre ihm bewusst geworden, dass das Leben sich nicht nur in seinem Arbeitszimmer abspielt. Selbst sein Gang ist aufrechter und dynamischer geworden. Die jungen Menschen scheinen ihn zu verjüngen.

Conny und ich nehmen es mit ehrlicher Freude zu Kenntnis.

Kapitel 7

Whiskey liegt zu meinen Füßen, sein alter Hundekörper hebt und senkt sich in gleichmäßigem Rhythmus. Das dunkle Fell rings um die Schnauze herum ist in den letzten Monaten immer mehr einem silbrigen Grau gewichen. Ich sehe plötzlich Christoph, wie er im Garten auf einer Decke sitzt, neben ihm Whiskey, noch ein Welpe. Die kleine Kinderhand, die das schwarze Fell des jungen Hundes streichelt, etwas ungelenk noch. Christoph, der auf allen vieren Whiskey hinterherzukrabbeln versucht, als der Hund aufsteht und Richtung Hauseingang geht, als die Streicheleinheiten des Kindes ihm zu viel werden.

„Christoph, wo bist du jetzt?" Ich wünsche mir jeden Tag, wenn ich erwache, dass es ihm gut geht. Ihm, der kleinen Sophie und Karen. In den Gesprächen mit dem Professor ist mir klar geworden, dass ich nicht vor der Vergangenheit davonlaufen kann. Sie gehört zu meinem Leben. Die Traurigkeit ist einer liebevollen Erinnerung gewichen. Anfangs hat es mich erschreckt, weil ich geglaubt habe, dass es nicht richtig ist. Und doch fehlen sie mir. Noch immer. Ich bin ein anderer geworden, mein Leben ist ein anderes. Ich nenne es mein drittes Leben. Wenn ich mich frage, ob ich glücklich bin, kann ich mir selbst zur Antwort geben, dass ich zufrieden bin.

„Paul? Entschuldigen Sie, dass ich Sie störe. Ich habe nach Ihnen gerufen und keine Antwort erhalten. Ist alles in Ordnung?"

Conny steht vor mir und sieht mich mit schräg gelegtem Kopf an.

Ich betrachte sie für einen kurzen Moment.

Sogleich schaut sie verlegen auf Whiskey, der sich gerade streckt.

„Ich habe an etwas gedacht, deshalb habe ich Ihr Rufen nicht wahrgenommen."

„Ich hoffe, es war wenigstens etwas Schönes, an das Sie gedacht haben."

„Ich habe an meinen Sohn gedacht. Christoph."

Ich kann sehen, dass sie erschrocken ist. Es ist das erste Mal, dass ich ihn ihr gegenüber erwähne. Nur der Professor kennt meine Geschichte.

„Oh, das wusste ich nicht. Ich … es tut mir leid, dass ich Sie gestört habe. Es war nicht wichtig. Wirklich nicht. Entschuldigen Sie, Paul."

Sie hat sich bereits umgedreht, um wieder an die Arbeit zu gehen. Ich stehe auf und bekomme sie noch am Ärmel ihrer bunten Bluse zu fassen. Wie weich und seidig der Stoff ist, so weich, dass die Haut meiner rauen Finger für einen Moment an dem Stoff hängen bleibt.

„Conny, warten Sie bitte!"

Sie bleibt stehen, die Schultern plötzlich durchgedrückt, als wehre sie sich gegen etwas, den Kopf nach links geneigt, sodass ich ihr Gesicht nicht sehen kann. Ihr Atem geht schwer, als bekäme sie schlecht Luft.

Meine Hand liegt noch immer auf ihrem Arm. So stehen wir für einen Moment schweigend nebeneinander, trotz der Wortfetzen aus dem Zimmer des Professors, kann ich meinen eigenen Herzschlag hören. Langsam dreht sie sich zu mir um und schaut mich traurig an.

„Ich habe nicht gewusst, dass Sie eine Familie haben, Paul. Ich dachte ... "

Für einen Moment kämpfe ich mit mir, ob und wie viel ich ihr von mir erzählen soll. Ich nehme ihre Hand und führe sie zu der weißen Bank an der Hauswand.

„Haben Sie einen Moment Zeit für mich, Conny?"

Sie antwortet nicht, deshalb deute ich ihr Schweigen als Zustimmung.

Wir sitzen dicht beieinander, ich schließe die Augen, so fällt es mir leichter, ihr von meiner Vergangenheit zu erzählen.

„Sie sind tot. Meine Kinder Christoph und Sophie. Und ihre Mutter Karen."

Ich spüre Connys Hand auf meinem Arm, die mich streichelt, dann höre ich ihre sanfte Stimme. „Oh Gott, das habe ich nicht gewusst. Es tut mir so unsagbar leid, Paul, verzeihen Sie mir, ich wollte Sie nicht quälen."

Als ich sie anschaue, sehe ich, dass ihre Augen in Tränen schwimmen.

„Es ist gut", höre ich mich sagen. Und dann beginne ich zu erzählen.

Ihre Lippen berühren meinen Mund und ich wünsche mir, dass dieser Augenblick der Nähe anhält. Meine Augen sind noch immer geschlossen, ich möchte mich fallen lassen, doch in meinem Kopf beginnen jetzt die Gedanken wild durcheinander zu laufen. Bilder entstehen, reihen sich aneinander. Karen, die Kinder. Obwohl ich ihr Lachen nicht hören kann, winken sie mir fröhlich zu. Dann entfernen sie sich. Erschrocken öffne ich die Augen.

„Es tut mir leid, Paul. Das wollte ich nicht."

Wir setzen uns gerade hin, Conny hält den Kopf gesenkt.

„Es muss dir nicht leid tun. Ich darf doch du sagen? Es ist lange her, dass ich so viel Nähe verspürt habe."

Sie nickt lächelnd, ihr Blick ist gesenkt.

„Paul? Darf ich Sie, dich, etwas fragen?"

Ich nicke.

„Glaubst du ... ich meine nicht gleich und sofort. Vielleicht langsam und schrittweise. Denkst du, du könntest irgendwann ein neues Leben beginnen?"

Ich drehe mich zu ihr, um sie anzusehen. „Das habe ich bereits, Conny. Du und der Professor, ihr habt geschafft, was ich nicht mehr für möglich gehalten habe. Ich hatte mich aufgegeben, weil ich mich schuldig fühlte am ... Tod meiner Familie."

Für einen Moment schaue ich hinauf zum Himmel, der hellblau über uns liegt, bis auf ein paar weiße Wolken, die in Zeitlupe dahinziehen.

„Mein vorheriges Leben wird immer zu mir gehören, solange ich lebe."

„Das weiß ich, Paul. Das soll es auch. Ich würde dir gern dabei behilflich sein, dass deine Wunden irgendwann heilen. Möchtest du meine Hilfe annehmen?"

Ich lehne mich zurück und schließe die Augen. „Es ist ein langer Weg, Conny."

Wieder spüre ich ihre Lippen auf meinem Mund. Nur für einen Bruchteil von Sekunden.

„Ich würde dir gern weiter zuhören, Paul. Es tut mir leid, aber ich muss wieder in die Küche zurück. Der Herr Professor hat mich vorhin gefragt, ob ich einen kleinen Imbiss vorbereiten könnte. Er beabsichtigt, sich am frühen Abend mit den Studenten in den Garten zu setzen."

Sie ist aufgestanden und streicht sich verlegen die weiße Schürze glatt. Ich greife nach ihren Händen, doch sie sieht mich mit hochgezogenen Augenbrauen an. Ein leichtes Zittern ihrer Hände ist zu spüren.

„Danke."

Lächelnd schüttelt sie leicht den Kopf. Auch ich bin nun aufgestanden, um die Gartengeräte in den Schuppen zu räumen.

„Ach, Paul, weshalb ich nach dir gerufen habe: Könntest du mir bitte dabei behilflich sein, den Gartentisch zwischen die beiden hohen Tannen dort hinten zu tragen?"

Gemeinsam gehen wir zum Vordereingang der Villa. Whiskey hebt träge den Kopf und schaut abwechselnd von Conny zu mir.

„Na, mein Alter, du genießt die Sonne, was?" Ich kraule sein Fell, das von den Sonnenstrahlen ganz warm ist. Whiskey hebt sein Hinterteil, streckt die Vorderbeine von sich und gähnt herzhaft. Dann schüttelt er sich und trottet uns hinterher zum Geräteschuppen, in dem sich auch die Gartenmöbel befinden.

Sie gehören zu den wenigen modernen Dingen in diesem Haushalt. Ein ovaler weißer Plastiktisch, an dem gut und gerne acht Personen sitzen können. Dazu sechs passende Klappstühle.

Nach etwa einer Stunde betrachtet Conny zufrieden den gedeckten Tisch. Sie hat die Möbel gereinigt, ein buntes Tischtuch aufgedeckt und aus dem Haus einige Sitzkissen geholt, die sie in den vergangenen Wochen genäht hat.

Sie hat mich gebeten, ein paar Rosen zu schneiden, die nun, auf zwei Vasen verteilt, in der Mitte des Tisches stehen.

In der Kühlbox am Fuß einer Tanne lagern die kalten Getränke.

„Wie spät ist es, Paul?"

„Ich denke, es müsste bald achtzehn Uhr sein."

Lächelnd schaut sie mich an. „Das wird mir immer ein Rätsel bleiben, woher du weißt, wie spät es gerade ist, ohne auf eine Uhr schauen zu müssen."

„Es ist ein Gefühl, das man entwickelt, wenn man auf der Straße lebt. Das einsetzende Tageslicht, je nach Jahreszeit, der Tag- und Nachtwechsel. Es spielte nie eine Rolle, ob ich mich dabei um einige Minuten verschätzte ... "

Sie stellt sich vor mich, legt ihre Hände um meinen Nacken und zieht meinen Kopf zu sich hinunter. Ihr Mund streift kurz meine Stirn, bevor sie ins Haus zurückgeht.

Vom Haus her sind Stimmen zu hören. Junge, fröhliche Stimmen. Der Professor steht in der Eingangstür, dreht sich kurz um, bevor er, gefolgt von drei jungen Männern und zwei Mädchen, die Stufen herunter auf mich zukommt.

„Mein lieber Paul, ich möchte Ihnen diese jungen Menschen hier vorstellen, die heute unsere Gäste sein werden. Das ist Annika, dann haben wir Viktoria, Björn, Mark und Oliver."

Zehn Augenpaare sind auf mich gerichtet. Für einen Moment fühle ich mich von der Situation überfordert. Annika scheint es zu spüren, deshalb sagt sie fröhlich, mir ihre Hand reichend: „Es freut mich sehr. Guten Tag!"

Sie wirkt zart, ihr Teint verrät, dass mindestens ein Elternteil nicht europäisch ist. Ihr Haar ist dunkel und raspelkurz geschnitten. Ihre Augen fast schwarz. Als sie mich anlächelt, kommen ihre schneeweißen, nicht ganz geraden Zähne zum Vorschein. Ich nehme ihre Hand, die klein, feingliedrig und kühl ist. Das Mädchen nickt mir unmerklich zu. Auch die anderen Studenten begrüßen mich.

„Sie werden uns doch Gesellschaft leisten, Paul?"

Der Professor deutet auf einen der Stühle.

„Danke Professor, ich möchte nicht stören. Außerdem habe ich noch zu tun."

„Bitte, Paul. Ich würde mich freuen, wenn Sie und Frau Cornelia uns Gesellschaft leisten würden."

Ich gehe ins Haus, um Conny Bescheid zu sagen.

Sie hat zwei weitere Gedecke aufgetragen, ich habe noch Stühle aus dem Haus geholt, und nun essen wir gemeinsam zu Abend. Conny hat sich wie immer viel Mühe mit der Zubereitung gegeben.

Wenig später sind zwei große Auflaufformen fast leer gegessen, ebenso die beiden Salatschüsseln.

Annika und Viktoria sind Conny dabei behilflich, den Tisch abzuräumen. Ich sehe den drei Frauen einen Moment nach. Die beiden Studentinnen in Jeans und Turnschuhen, die eine blond und sehr hellhäutig, die andere dunkel. Leichtfüßig, fast hüpfend, gehen sie neben Conny her, die neben den zarten Mädchen fast mütterlich wirkt. Ich spüre wieder, wie mich Connys Anblick wärmt, deshalb schaue ich schnell zum Professor, der mich anlächelt, als bliebe ihm nichts verborgen.

„Paul, wären Sie so gut und würden zwei Flaschen Rotwein aus dem Keller holen? Ich bin der Meinung, dass nach einem guten Essen ein ebenso guter Wein getrunken werden sollte. Oder wünschen die jungen Herren etwas anderes?"

Oliver, ein recht kleiner, untersetzter, rotblonder Bursche, schaut zu seinen Kommilitonen, hebt fragend die hellblonden Augenbrauen, und als die beiden den Kopf schütteln, erklärt auch er sich mit dem Angebot des Professors einverstanden.

An der Haustür kommen mir die beiden Mädchen entgegen, lachend und fröhlich schwatzend. Whiskey, der neben mir hertrottet, hat es sich wohl anders überlegt und läuft nun den beiden Mädchen hinterher.

Auf dem Weg in den Keller bleibe ich für einen Moment an der angelehnten Küchentür stehen.

Conny räumt die Teller in den Geschirrspüler, gegen den sie sich anfangs gewehrt hat. Wieder summt sie diese Melodie, deshalb schließe die Augen und lege meinen Kopf an den Türpfosten.

Ich muss in den Keller, um den Wein zu holen.

Als ich zurück bin, klopfe ich an die Küchentür.

Conny dreht sich zu mir um.

„Der Professor möchte gern Wein trinken, könntest du die Weingläser mitbringen?"

„Ja, natürlich, ich komme gleich mit. Warte bitte einen Moment." Sie trocknet sich die Hände an ihrer Schürze, bindet sie ab und nimmt die Weingläser aus dem Schrank. Anschließend stellt sie Gläser, Salzgebäck, einen Aschenbecher und Kerzen auf ein Tablett, bevor wir gemeinsam in den Garten hinausgehen.

In der Stille des Abends ist nur die bedächtige Stimme des Professors zu hören, als er den Studenten aus seinem Leben erzählt. Von seiner Zeit als junger Doktorand, als er oftmals während der Sommermonate genau hier, zwischen den beiden hohen Tannen, saß und bis in die Nacht hinein philosophische Gespräche und Diskussionen mit seinem Doktorvater führte.

Ich bewundere ihn. Jedes seiner Worte scheint wohlüberlegt zu sein. Conny und ich setzen uns mit an den Tisch.

Der Professor lächelt uns kurz zu.

„Ja, es ist lange her, und doch scheint es in der Erinnerung wie gestern. Freilich sind wir Menschen so veranlagt, dass wir uns in jungen Jahren nur schwer vorstellen können, wenn ein alter Mensch aus seiner Jugend erzählt, dass dieser alte Mensch auch einmal jung war."

„Haben Sie niemals den Wunsch verspürt, Herr Professor, eine Familie zu gründen?" Mark scheint erschrocken über seine Frage. Ein großer, schlaksiger Junge, mit etwas zu langem braunem Haar, das er sich in regelmäßigen Abständen immer wieder aus dem Gesicht streicht.

„Wir lassen nun die Vergangenheit hinter uns, meine lieben jungen Freunde, und widmen uns dem Hier und Jetzt." Er greift nach einer der beiden Flaschen, entkorkt sie und gießt die Weingläser halb voll.

„Wie ich sehe, meine liebe Frau Cornelia, haben Sie sogar an einen Aschenbecher gedacht. Das ist gut, sehr gut." Er nimmt Pfeife und Tabakdose aus seiner Jackentasche und beginnt das Ritual des Stopfens.

„Darf ich?" Björn zieht ein Päckchen Tabak aus der Gesäßtasche seiner Jeans, und als der Professor „aber bitte, gern doch" auf seine Frage antwortet, dreht er sich eine Zigarette.

Ich weiß nicht, ob ich mich irre, doch ich schätze, dass Björn kifft. Zumindest ab und an. Seine Bewegungen sind etwas fahrig, sein Blick aus den blauen Augen nicht ganz so klar, wie er sein sollte. Auch der Professor scheint es zu bemerken, doch er sagt nichts.

Annika unterbricht die Stille. Sie sitzt im Schneidersitz auf dem Stuhl und beobachtet mich. „Sie kommen mir bekannt vor, ich weiß nur noch nicht, wohin ich Sie stecken soll."

„Ich glaube nicht, dass wir uns kennen."

„Weshalb sind Sie sich so sicher? Vielleicht bin ich Ihnen bloß nicht aufgefallen."

Ihre Augen sind einen Moment auf die rote Flüssigkeit in ihrem Weinglas gerichtet, bevor sie einen Schluck trinkt.

„Wenn jemand von Ihnen Limonaden oder Bier trinken möchte, es steht alles in der Kühlbox, bedienen Sie sich ruhig." Der Professor bückt sich und hebt den Deckel der Box an.

Björn kommt der Aufforderung nach, er steht auf, geht um den Tisch herum und nimmt sich eine Flasche Bier. „Nichts gegen Ihren Wein, Herr Professor, aber dann nehme ich doch lieber ein Bier, wenn ich schon wählen darf."

Conny steht auf, um andere Gläser zu holen.

„Nein, nein, lassen Sie nur, Bier muss man aus der Flasche trinken, dann schmeckt es am besten."

„Also Björn, ich weiß nicht, muss das sein?" Viktoria sieht ihn mit kraus gezogener Stirn an. Sie scheint verärgert.

„Schau einer an, unsere Vikky wieder einmal als kleine Spießerin."

Björn grinst sie frech an und prostet ihr wortlos zu, bevor er einen kräftigen Schluck aus der Flasche nimmt.

Der Professor hat sich über den Tisch gebeugt und legt seine Hand besänftigend auf den Arm des Mädchens. „Mein liebes Kind, wir wollen doch nicht in Streitgespräche übergehen. Es stört mich nicht im Geringsten, wenn unser junger Freund sein Bier lieber aus der Flasche trinkt."

„Es gehört sich aber nicht. Zumindest nicht hier, vor Ihnen."

Sie funkelt Björn missbilligend an, der nur ein verächtliches „Ph" von sich gibt. Für einen Moment stellt sich betretenes Schweigen ein.

Björn stellt die Bierflasche auf den Tisch, lehnt sich zurück und massiert mit den Fingerspitzen seine Stirn.

„Viktoria, was haben wir durch die Schriften Schopenhauers über den Egoismus jedes Einzelnen gelernt?"

„Du musst jetzt nicht Schopenhauer zitieren, Björn. Er gehört nicht hierher."

„Oh doch, du bist doch die strebsamste von uns allen. Aus dir wird bestimmt einmal eine große Philosophin."

Sein Tonfall klingt verächtlich. Alle Augen sind auf den Professor gerichtet, der allerdings den Eindruck macht, als sähe er das Streitgespräch zwischen den beiden als eine Art Studie.

„Mir kommt da Schopenhauers Brahmanenformel Tat twam asi – Dies bist Du – in den Sinn. Was sagt dir das?"

Sie macht den Mund auf, um eine Antwort zu geben, doch Björn legt provokant den Zeigefinger auf seine geschlossenen Lippen, um ihr Einhalt zu gebieten.

„Zitat in etwa: Das Spüren unseres wahren Selbst, liebe Vikky, nicht bloß in der eigenen Person als einzelne Erscheinung, sondern in allem was lebt. Diese Einsicht in die metaphysische Identität, in die innere

Wesensverwandtschaft aller Wesen, stellt sich eine Haltung entgegen, die alles Lebende zum Objekt, zum Nicht-Ich macht und jegliches Einfühlungsvermögen an die Mitkreatur verhindert. Und das eine macht ohne das andere keinen Sinn: Du solltest dir Schopenhauers Identität der reinen Liebe mit dem Mitleid verinnerlichen. Einem Menschen, der in allen Menschen sich, sein innerstes und wahres Selbst erkennt, ist kein Leiden mehr fremd. Zitat Ende.

So wünsche ich dir, dass du mein Leiden, oder nenne es von mir aus auch Sucht oder Genuss, erkennst, das Bier lieber aus der Flasche als aus dem Glas zu trinken, und es besser verstehst."

Er grinst sie frech an.

„Ich würde dir gern etwas darauf antworten, Björn, doch die Höflichkeit unserem Gastgeber gegenüber zwingt mich, besser zu schweigen, bevor ich etwas sage, was ich besser nicht sagen sollte."

„Ich finde, es ist genug, Björn. Vikky hat recht, du musst nicht unbedingt Schopenhauer zitieren, wenn es um eine Meinungsverschiedenheit geht. Noch dazu um eine so belanglose, ob es nun unhöflich ist, aus der Flasche zu trinken, oder nicht. Das ist eine Sache des Anstands, und es ist nicht gerechtfertigt, wegen solch banaler Dinge gehässig zu werden. Was ist Ihre Meinung dazu, Herr Professor?"

Annika beugt sich vor, um ihn besser sehen zu können. Ihre Haut wirkt jetzt, da es langsam dunkel wird, im Flackern des Kerzenlichts fast schokoladenfarben.

Der Professor legt die Fingerspitzen seiner Hände aneinander und stützt sein Kinn auf ihnen ab, bevor er antwortet.

„Einerseits erfreut es mich, wenn die Lehren großer Philosophen von Ihnen verinnerlicht werden. Das gilt für Sie alle, meine jungen Freunde. Und doch sollte man deren Anwendung natürlich nicht immer und überall gebrauchen, so wie bei Ihrer vorangegangenen Diskussion, ob es sich nun gehört, aus einer Flasche zu trinken. Das ..." Er schaut die Studenten der Reihe nach lächelnd an, „... kann schnell einen Eindruck von Überheblichkeit entstehen lassen. Man sollte auch bedenken, dass, wie beispielsweise in unserer heutigen Runde, unerklärte philosophische Lehren bei Menschen, denen das Gebiet der Philosophie fremd ist, ein Gefühl von Unwissenheit und eventueller Minderwertigkeit aufkommen könnte. Das gilt für alle Lebensbereiche. Sehen Sie, Frau Cornelia beispielsweise, ist eine examinierte Krankenschwester. Würde sie nun beginnen, über verschiedene menschliche Krankheitsbilder zu sprechen, von deren Abläufen und Heilungsmethoden wir nur zuhören könnten, ohne eigenes Wissen von Erfahrungen und Ansichten mit einbringen zu können, bedeutete es, dass wir eine Diskussionsrunde führten, wenn auch nur eine einseitige. Das Gleiche gilt auch für Sie, Paul, nicht wahr?" Für einen Moment schaut der Professor mich an. Ich möchte nicht, dass er etwas von mir preisgibt, auch wenn er es gut meint, und ich spüre, dass meine Hände feucht werden.

„Ein ebenfalls studierter Mann, mit dessen Fachwissen wir nichts anzufangen wüssten, weil natürlich nur er allein auf seinem Gebiet belesen und bewandert ist.

Ich möchte damit sagen, meine lieben jungen Freunde, dass ich mich natürlich jederzeit darüber freue, mit Ihnen Diskussionsrunden führen zu können, doch jetzt sollten wir ganz privat, alle Studien hinter uns lassend, den Rest des Abends zu genießen versuchen, wobei es mich wirklich nicht stört, ob aus einem Glas oder einer Flasche getrunken wird. Das ist die Hitzköpfigkeit der Jugend, wenn Sie erst einmal in meinem Alter sind, werden auch Sie Dinge gelassener betrachten. Und nun zum Wohle allerseits.“

Wir stoßen miteinander an, selbst Björn, der sich noch ein Bier genommen hat, stößt grinsend mit der Flasche an jedes einzelne Weinglas, an Viktorias sogar zwei Mal, bis sie es – noch immer verärgert – wegzieht.

„Darf man sich auf Ihrem Grundstück ein wenig umschauen, Herr Professor?“

Mark ist aufgestanden und klopft Oliver, der fragend in die Runde schaut, auf die Schulter.

„Selbstverständlich, gehen Sie nur. Hinter dem Haus befindet sich ein hübsch angelegter Kräutergarten, deshalb möchte ich Sie bitten, nicht zwischen den Beeten zu laufen. Der ist nämlich Frau Cornelias ganzer Stolz.“

„Wir werden uns bemühen!“ Mark legt Oliver freundschaftlich die Hand auf den Rücken, bevor sie langsam über den Rasen schlendern.

Conny schaut den beiden hinterher. Ich beobachte sie, ihr Gesicht ist gerötet vom Wein und weil ihr die Worte des Professors unangenehm zu sein scheinen. Nur wir drei wissen, was der kleine Garten ihr bedeutet. Als sie spürt, dass ich sie beobachte, lächelt sie verlegen, um dann zum Himmel zu schauen, der jetzt dunkel und klar, mit vereinzelten Sternen, über uns liegt.

Durch die Baumwipfel der Tannen scheint der Mond, nur ein Viertel noch von der Dunkelheit des Himmels verdeckt. Das Zirpen der Grillen ist zu hören, trotz der Unterhaltung, die jetzt in kleiner gewordenem Kreis weitergeführt wird. Ruhig und bedächtig die Stimme des Professors – ich höre sie, ohne dass ich wahrnehme, was gesprochen wird. Connys und Annikas leises Lachen.

Zwei Motten, vom Licht der Kerzen angezogen, fliegen nervös flatternd über unseren Köpfen, immer wieder der Helligkeit der brennenden Dochte entgegen, als fänden sie nicht mehr den Weg zu ihresgleichen. Orientierungslos mit den Flügeln an die auf dem Tisch stehenden Gläser schlagend, ein leichtes, dumpfes Geräusch verursachend. Sie bemerken ihren Irrtum nicht schnell genug, sodass sie von Menschenhand fortgejagt werden. Haben Motten Verstand oder ist es ihr Instinkt, dass sie von Licht angezogen werden? Ich würde das gern den Professor fragen, sicher weiß er eine Antwort darauf.

Ein leichter Wind kommt auf, der die Enden der Tischdecke anhebt, Conny streichelt fröstelnd ihre Arme. Ich ziehe meine Strickjacke aus und lege sie ihr über die Schultern. Dankend lächelt sie mich an und für einen kurzen Augenblick berühren sich unsere Hände, als sie die Jacke zurechtzieht.

Björn ist aufgestanden, um zur Toilette zu gehen.

„Sie finden sich zurecht, nicht wahr?" fragt der Professor.

„Ich weiß, im Untergeschoss ist das Gäste-WC." Im Gehen hebt er wie zur Bestätigung kurz seine Hand.

Annika schaut ihm hinterher, bis er im Hauseingang verschwunden ist. Unsere Blicke begegnen sich, als sie sich wieder zu uns dreht. Ihr Lächeln ist etwas unsicher, und ich frage mich, ob sie deshalb ihren Wein in gehetzten, kleinen Schlucken trinkt, bevor sie das Wort an mich richtet. „Ich weiß jetzt, woher ich Sie kenne."

Sie muss sich irren, ich habe sie noch nie zuvor gesehen. Sicher ist es eine Verwechselung. Oder kennt sie mich aus der Zeit, als ich auf der Straße lebte? Durch Whiskey, ja, das wird es sein. Mein unverkennbarer Alter. Er liegt jetzt träge unter dem Tisch, direkt zu meinen Füßen. Ich möchte nicht von der Vergangenheit sprechen. Es geht sie nichts an.

„Es muss ungefähr sieben Jahre zurückliegen. Ja, das könnte hinkommen. Damals war ich fünfzehn, fast sechzehn, ich lebte in einem Internat und kam selten an den Wochenenden nach Hause, meist nur in den Ferien. Meine Eltern hatten keine Zeit für mich. Beide Ärzte, mein Vater ist dunkelhäutiger Puertoricaner, wie man unschwer an mir erkennen kann, immer auf Kongressen weltweit unterwegs, mal an der Klinik, mal an jener. Irgendwie habe ich wahrscheinlich nicht in ihr berufliches Erfolgskonzept gepasst. Ich hab's trotzdem überlebt und keinen Schaden genommen." Sie lächelt kurz und hält den Blick gesenkt, bevor sie weiterspricht.

Warum schweift sie ab? Ich spüre meinen Herzschlag, der jetzt schneller geht. Warum habe ich mich darauf eingelassen, mit diesen jungen Leuten, die mir fremd sind, an einem Tisch zu sitzen? Ich möchte mich nicht vor ihnen rechtfertigen müssen.

Sie schaut mich an. Klar und fest ist ihr Blick jetzt.

„Um aber auf den Punkt zu kommen: Ich freute mich jedes Mal auf die Ferien, nicht einmal so sehr, weil ich nach Hause durfte. Mehr auf meine Freundin Linda, mit der ich gemeinsam die ersten Jahre der Grundschule besucht hatte und deren Eltern das Haus am Ende unserer Straße gekauft hatten, kurz bevor wir eingeschult worden waren.

Auch ihre Eltern waren Ärzte beziehungsweise sind es noch immer. Orthopäden mit eigener Praxis. Beständig und sesshaft." Sie hält dem Professor bittend ihr leeres Glas entgegen.

Er unterbricht sie nicht, sondern gießt es halb voll, die momentane Stille vom Lachen der jungen Männer unterbrochen, das vom hinteren Ende des Hauses zu uns dringt. Ich spüre Connys Hand auf meinem Unterarm, sie ist ganz kühl. Ich würde sie gern halten, doch ich kann nicht, als hätte mich eine innere Starre erfasst, die mich bewegungslos macht.

Mein Blick ist auf die fast drei Meter hohen Schneeballhortensien am Inneren der Grundstücksmauer gerichtet, deren Köpfe jetzt in der Dunkelheit finster und bedrohlich im Wind schaukeln, als nickten sie bestätigend, wissend.

„Damals – ich durfte erst drei Wochen nach Ferienbeginn nach Hause kommen, weil meine Eltern es für besser hielten, mich zu meinen Großeltern mütterlicherseits zu schicken, die in einem kleinen verschlafenen Dorf im Schwarzwald leben. Gleich vom Internat aus. Sie hatten bereits vorgesorgt und geplant. So wie es am besten für sie war, zu welchem Zeitpunkt ich in ihren Terminkalender passte. Die Fahrkarte erhielt die Internatsleitung drei Wochen vor Ferienbeginn. Beigelegt einem Brief mit den üblichen Erklärungen, Rechtfertigungen und Entschuldigungen, warum keine Zeit war, sich um mich zu kümmern. So kam ich wie gesagt erst zu Beginn der vierten Ferienwoche in mein Elternhaus. Nach der Begrüßung – meine Mutter hatte ihren Dienst so gelegt, dass sie genau zwei Stunden mit mir verbringen konnte –, sie hatte es sogar geschafft, vom Bäcker eine kleine Torte zu besorgen, eine Himbeertorte, nicht einmal das wusste sie, dass ich keine Himbeeren mag, beschloss ich, sofort zu Linda zu gehen. Auch wenn wir uns Briefe schrieben, so war es doch etwas anderes, sich persönlich auszutauschen. Sie bedeutete mir mehr als meine Eltern. Seltsamerweise erschreckte mich diese Feststellung damals nicht einmal.

Ich ging also zu Linda, klingelte an der Eingangstür, doch niemand öffnete. So beschloss ich, mit dem Fahrrad in die Praxis ihrer Eltern zu fahren, um nach ihr zu fragen. Ihre Mutter begrüßte mich sehr herzlich. Sie

sagte: *Lass dich anschauen, Annika, groß bist du geworden, mein Gott, fast ein junges Fräulein.* Ich musste
warten, bis Lindas Vater die Untersuchung eines
Patienten abgeschlossen hatte, damit auch er mich
sehen sollte. Er umarmte mich wie eine Tochter. Lindas
Mutter sagte mir, wo sie zu finden war. Sie wollte sich
während der Ferien ein wenig Taschengeld verdienen
und jobbte als Babysitter. Ihre Mutter nannte mir die
Adresse und sagte, dass Linda an diesem Tag bis um
achtzehn Uhr babysitten sollte. Selbst darum benei-
dete ich Linda. Sie durfte ihr erstes eigenes Geld
verdienen. Dabei ging es nicht um das Geld; ich bekam
alles, was ich wollte an finanziellen und materiellen
Dingen. Mir fehlte es an nichts, außer an der Liebe
meiner Eltern. Nein, das ist falsch. Wahrscheinlich lieben sie mich auf ihre Weise, ich bin ja ihre Tochter.
Auch Linda hätte es nicht nötig gehabt, sie hat es
gewollt und ihre Eltern haben es gestattet." Sie seufzt
unmerklich, niemand unterbricht sie.

Nur Viktoria pustet hörbar Luft aus.

*Linda – ich kenne keine Linda, auch keine Annika, bis
auf die, die jetzt so frei von ihrer traurigen, wohl noch
immer nicht verarbeiteten Kindheit erzählt. Sie soll auf-
hören. Ich möchte ins Haus gehen, doch irgendetwas
hindert mich, als hielte es mich fest.*

„Ich bin mit dem Fahrrad zu der Adresse gefahren.
Das Haus lag direkt am Waldrand, ganz einsam, alt und
wunderschön. Weit und breit gab es nichts als Natur.
Ich sah Linda im Garten sitzen und mit einem kleinen
Mädchen spielen. Der Junge saß auf einer Schaukel,

die an den Ästen eines großen Apfelbaums befestigt war. Ein schwarzer Hund lag in der Einfahrt und schlief. Ich rief nach Linda, sie schaute auf, und als sie mich erkannte, kam sie mit dem kleinen blonden Mädchen auf dem Arm freudestrahlend an das Tor gelaufen. Wir umarmten uns, die Kleine begann zu weinen, weil wir wohl etwas zu lautstark unsere Wiedersehensfreude zum Ausdruck gebracht hatten. Linda versuchte sie zu beruhigen. Wir setzten sie auf meinen Fahrradsattel und schoben sie die Auffahrt hinauf. Linda hatte mich aufgefordert, auf das Grundstück zu kommen, die Eltern der Kinder waren nicht da. Der Vater war Geschäftsmann und auf Reisen, die Mutter der Kinder in der Stadt Erledigungen machen und zum Friseur. Sie hatte erst zum vierten Mal auf die Kinder aufgepasst. Die vorherige Babysitterin war Studentin und trampte mit Freunden während der Semesterferien durch Frankreich."

Oh Gott, was erzählt sie da? Sophie, Christoph, Karen, sie spricht von euch!

„Linda ist seit damals eine andere, psychisch labil, fast vier Jahre hing sie an der Nadel, um zu vergessen. Jede Therapie hat sie abgebrochen. Doch ich habe sie nicht aufgegeben, vielleicht schaffe ich es, dass sie irgendwann geheilt wird."

Ich schaue kurz zu Annika, Tränen laufen über ihre Wangen.

„Tage später war die Familie tot. Verbrannt in ihrem Haus. Nur Sie, Paul, so war doch Ihr Name ...?" Sie schaut mich an, doch ich antworte nicht, ich kann nicht.

„... Ich kenne Ihr Gesicht aus der Zeitung, die zwei Tage später von dem Brand berichtet hat. Sie waren der Einzige, der überlebt hat."

Ich schlage die Hände vor mein Gesicht. Tausende von Gedanken und Bildern rennen durch meinen Kopf.

Ich höre den Professor sagen: „Mein Gott Annika, Mädchen, hören Sie auf! Was haben Sie getan! Ich muss Sie alle jetzt bitten zu gehen, so leid es mir tut!"

Die Stimmen der jungen Männer sind zu hören, Whiskey winselt erschrocken unter dem Tisch. Wortlos erheben sie sich und kommen der Aufforderung des Professors nach. Er begleitet sie bis zur Einfahrt.

Arme legen sich von hinten um meine Schultern. Ich spüre ihren Kopf an meinem Nacken, rieche den Duft ihres Haars, höre ihre sanfte, melodische Stimme, die mich trösten möchte.

„Paul?"

Ich gebe keine Antwort.

„Paul, ich liebe dich."

Es ist so ruhig, dass das Rauschen der Blätter zu hören ist. Mein Inneres ist von einer Starre befallen. Ich spüre die Kälte, die in mir hochkriecht, trotz des milden Sommerabends.

Sie nimmt ihre Arme von meinen Schultern, noch immer halte ich die Augen geschlossen, und doch spüre ich, dass Conny über den Rasen geht.

Dann sehe ich ihr nach, bis sie an der Eingangstür angekommen ist, sich noch einmal zu mir umdreht und ins Haus geht.

Kapitel 8

Bevor ich gegangen bin, habe an den Professor einen Abschiedsbrief geschrieben. Vielleicht kann er mir verzeihen und verstehen, dass ich gehen musste. Obwohl ich denke, dass er enttäuscht sein wird – trotz meiner Erklärungsversuche.

Nach allem, was er für mich getan hat. Er mag mich. Und Conny? Noch immer klingen ihre Wort nach: *Paul, ich liebe dich.* Ich habe sie beide enttäuscht. Wenn ich an sie denke, legt sich ein unsichtbares Band um meinen Brustkorb, das sich fest zusammenzurrt und mir die Luft zum Atmen zu nehmen scheint.

Ich weiß nicht, wie lange ich allein im Garten gesessen habe. Oben, im Arbeitszimmer des Professors, brannte noch Licht. Eine Stunde, zwei Stunden? Vielleicht hatte er auf mein Kommen gewartet. Als das Haus irgendwann in fast völliger Dunkelheit lag und nur noch von der Eingangsbeleuchtung erhellt wurde, habe ich Whiskey geweckt, um in mein Zimmer zu gehen. Es war vorbei. Die Monate, die ich in einem neuen Leben verbracht hatte, waren zu Ende. Ich habe sie nicht verdient. Das war aus Annikas Worten zu deuten. Wer so viel Schuld auf sich geladen hat, lebt besser auf der Straße. Mit allen Entbehrungen. Es wird immer wieder Menschen geben, die mir zurecht vorwerfen, schuld am Tod meiner Familie zu sein. Selbst das Leben dieser Linda habe ich zerstört. Ich habe verdient, dass man mich verachtet.

So habe ich meine Tasche mit wenigen persönlichen Dingen gepackt und das Haus verlassen. Im Nachhinein bereue ich es, mich nicht persönlich von Conny und dem Professor verabschiedet zu haben. Ich habe in dem Brief an den Professor nur Grüße an Conny ausrichten lassen. Zu wenig für all das, was sie für mich getan hat.

Es fällt mir schwerer, als ich vermutet habe, wieder auf der Straße leben zu müssen. Das Abrisshaus, in dem Whiskey und ich damals Unterschlupf gefunden hatten, existiert nicht mehr. Als ich vor drei Tagen dort ankam, war hinter einer Bauzaunabsperrung ein neuer, mehrstöckiger Rohbau entstanden. Kräne, Betonmischer und ein Gewusel aus Bauarbeitern bevölkerten das Gelände. Whiskey hatte winselnd neben mir gestanden und abwechselnd von mir zu dem Rohbau geschaut, als wolle er sagen: Siehst du, das hast du nun davon.

So haben wir die erste Nacht in einem angrenzenden Park verbracht. Die Tasche war mein Kopfkissen.

Ich hätte nie gedacht, dass es mir noch einmal wichtig erscheinen würde, die Tage zu zählen. Tage, die vergangen sind, seit ich das Anwesen und die Menschen, die mir noch immer etwas bedeuten, verlassen habe. 53 Tage, um genau zu sein. Die Luft ist morgens und abends jetzt spürbar kühler. In nur wenigen Wochen wird der Herbst Einzug halten. Dann wird es für mich so wie für alle Wohnungslosen schwieriger, ein Obdach für die Nacht zu finden. Den Gedanken, das Obdachlosen-Café aufzusuchen, in dem Heinz wahrscheinlich noch immer arbeitet, habe ich verworfen. Denn er würde Fragen stellen, die ich mir nicht einmal selbst zu beantworten wüsste.

In der vergangenen Nacht ist mir Conny im Traum erschienen. Nicht zum ersten Mal. Ich träume oft von ihr und vom Professor. Nach solchen Nächten laufe ich dann orientierungslos durch die Straßen, als wäre ich von einer inneren Unruhe getrieben. Heute Nacht war sie mir so nah, dass ich mich, seit ich aus diesem Traum erwacht bin, nach ihr sehne.

Ich versuche mich zu strecken, ohne dass Whiskey, der halb auf meinen Beinen liegt, aufwacht. Doch er hat einen leichten Schlaf, seit wir wieder auf der Straße leben. Er hebt den Kopf, öffnet die Schnauze und gähnt herzhaft. Dann schüttelt er sich, richtet sich auf, um sich zu strecken, und schaut mich fragend an, als wolle er den Tagesablauf erklärt haben.

Schon von Weitem kann man das Gewusel zwischen den Ständen erkennen. Der Wind trägt Gerüche von gebratenem Fleisch, Würsten, frischem Brot und Gewürzen durch die Luft. Langsam nähern wir uns dem Markt. Die Wolken hängen tief und grau. Es ist noch früh am Tag, es fröstelt mich und mein Herz beginnt schneller zu schlagen. Die Straße ist beidseitig von Bäumen gesäumt, deren Kronen voller roter, goldgelber und teilweise noch immer spätsommerlich hellgrüner Blätter behangen sind, die sich sanft im leichten

Morgenwind wiegen. Die schwächeren versuchen sich vergeblich gegen den Wind zu halten. Er trägt sie mit sich fort, lässt sie eine Zeit lang durch die Luft tänzeln, bis sie sich letztendlich am Boden sammeln und zu Laubhügeln anhäufen. Unter meinen Schritten rascheln die Blätter. Whiskey trottet neben mir her. Ab und an bleibt er stehen, um im Laub zu schnüffeln, als wäre er auf der Suche nach etwas.

Ich rufe ihn zu mir und leine ihn an. Trotzig schüttelt er den Kopf und schaut mich mit seinem Auge schielend und vorwurfsvoll an.

„Ist ja gut, mein Alter. Komm, es muss sein. Ich weiß, dass du die Leine nicht magst." Ich klopfe ihm die Seite und er schmiegt sich an mein rechtes Bein, als versuche er, mich dadurch umstimmen zu können.

Am ersten Stand hat sich eine Menschenkette gebildet. Der Fischhändler, ein beleibter Mittfünfziger mit roten Wangen, weißblondem Schnauzer und blauer Schiffermütze auf dem Kopf, bedient mit flinken Händen.

„Frischen Fisch, frisch aus Hamburch auf den Tisch", reimt er gut gelaunt, wobei er das R sekundenlang rollt.

„Ja, und für die junge Frau hier einen prächtigen Räucheraal!" Er hält den Aal in die Höhe, zur Begutachtung für die restliche Kundschaft.

„Und der Nächste bitte!" Seine Gummischürze, die er über einen weißen Kittel gebunden hat, ist beschmiert. Er bückt sich kurz und füllt mit einer kleinen Schaufel neue Eisstücke aus einem Behälter in die Auslagen, wo der Frischfisch liegt. Filetiert und appetitlich, sodass mir bei dem Gedanken an ein gutes Fischfilet mit frischer Zitrone das Wasser im Mund zusammenläuft. Obwohl es erst morgens um halb zehn ist.

Die Gänge zwischen den Ständen sind circa vier Meter breit. Und doch viel zu schmal für all die Menschen, die jetzt, am Samstagmorgen, hierher gekommen sind, um ihre Wochenendeinkäufe zu tätigen. Dieser Markt ist anders als andere Wochenmärkte – keine schreienden Händler, obwohl sie auch hier ihre Waren anpreisen. Ich bin gewiss kein großer Kenner, doch selbst mir fällt das gewisse Flair auf, das dieser Markt mit seinen Händlern und der bunten, angenehmen, ruhigen Kundschaft verbreitet. Ganze Familien spazieren über das Gelände. Frauen mit Körben, in denen frisches Obst, Gemüse, Eier und Brot liegen. Von einem Stand mit Naturkosmetik, Seifen und ätherischen Ölen steigt mir der Duft von Honig und Lavendel in die Nase.

Whiskey bleibt an einem Wurststand stehen und sieht mich an.

Ich habe noch etwas Geld und kaufe ihm ein Paar Wiener Würste. „Du musst warten, mein Alter, wir frühstücken gleich gemeinsam.“

Am übernächsten Stand der linken Seite weht ein Duft von frisch aufgebrühtem Kaffee zu mir, sodass ich beschließe, ein belegtes Brötchen und Kaffee zu kaufen. Zumindest starren die Menschen uns nicht an. Meine Kleidung ist sauber und ich habe meine Morgentoilette auf einem Bahnhofs-WC verrichtet.

Neben dem Imbiss stehen Biergartentische und -bänke. Ein junger Vater sitzt mit seinem etwa sechsjährigen Sohn am Ende des Tisches und wartet geduldig, bis das Kind seinen warmen Kakao ausgetrunken hat.

Christoph – ich muss lächeln bei dem Gedanken an ihn. Er wird mir immer fehlen, auch wenn die Erinnerung nicht mehr schmerzt, sondern mich mit tiefem Glück erfüllt. Das hatte der Professor einmal in einem unserer vielen Gespräche prophezeit. Er sagte damals, dass der Tag kommen wird, an dem die Trauer von dem Gefühl tiefen Glücks abgelöst wird. Dann, wenn man ohne Wehmut an das, was man verloren hat, zurückdenken kann. Wenn innerer Friede und Dankbarkeit einkehrt sind.

Der fremde Mann schaut mich einen Moment an, bevor er sich wieder seinem Sohn zuwendet.

Whiskey stupst mich ans Knie, sodass ich die Würste auspacke, sie zerkleinere und auf den Boden lege.

Auch ich bemerke jetzt, als ich in das frische Wurstbrötchen beiße, dass ich Hunger habe. Der Kaffee wärmt meine Kehle und ich schließe für einen Moment die Augen, um ihn zu genießen.

„Kaffee ist das Beste eines jeden Morgens, nicht wahr?", fragt der junge Vater und ich nicke ihm zu.

„Na dann, einen schönen Tag noch!" Er steht auf, nimmt den leeren Kakaobecher und zieht den Jungen von der Bank weg.

„Danke, Ihnen auch", wünsche ich und schaue den beiden nach.

Whiskey hat inzwischen die Würste aufgefressen, sodass er jetzt vor mir sitzt und auf sein Wasser wartet. Ich hole seinen Fressnapf aus meinem Rucksack, fülle Wasser hinein und sehe zu, wie er gierig säuft.

Am Stand gegenüber binden zwei Frauen, eingepackt in warme Jacken, Gestecke und Sträuße aus frischen Blumen.

Eine junge Frau erkundigt sich nach dem Preis gebundener bordeauxroter Hortensien mit rosafarbenen Margueriten. Sofort sehe ich die weißen Schneeballhortensien auf dem Grundstück des Professors vor mir. Wie die schweren Köpfe sich im Frühsommerwind wiegen, und ich spüre die Wärme, die durch meinen Körper geht.

„Komm, Whiskey, wir müssen weiter." Allmählich ist der Markt zu einem fast unübersichtlichen Getümmel von Menschen, Hunden und Händlern geworden. Durch meine Größe sehe ich über fast alle Köpfe der Leute hinweg, sodass ich die ausgebreiteten Waren auf den Tischen erkennen kann. Selbstgestrickte Schals, Mützen, Handschuhe, Socken und Pullover aus Alpaka-Wolle. Die Menschen schauen, befühlen, riechen. Die Preise doch zu hoch, selbst für Handarbeit und die Qualität der Wolle. Die Händlerin, einen Teil der eigenen Wollkollektion am Körper tragend, versucht die Ware an die Kundschaft zu bringen, indem sie die ganze Geschichte beginnend mit der Schafzucht über die Schur, das Waschen und Spinnen der Wolle bis hin zur Verarbeitung der einzelnen Stücke erklärt.

Eine junge Frau, das dunkle Haar zu Zöpfen geflochten, eine grüne Samtkappe auf dem Kopf, entscheidet sich für einen braunweißen Schal zu sechzig Euro. Die passende Mütze noch einmal dreißig Euro, so verspricht sie, wird sie im nächsten Monat kaufen. Neunzig Euro wären doch ein bisschen viel so einfach mal und zwischendurch. Sie sei Studentin, könne sonst die Miete für die WG nicht zahlen, und was würden denn die Mitbewohner davon halten, da sie alle nicht viel Geld zur Verfügung hätten. Die Händlerin kann natürlich nicht versprechen, dass die Mütze in vier Wochen noch immer zu haben und dass es schließlich sicherer wäre, sie doch gleich heute zu kaufen. Doch die Studentin bleibt konsequent, bezahlt den Schal, steckt ihn in den Rucksack und wünscht einen schönen Samstag.

Neben dem Alpakastand wird Holzspielzeug angeboten. Ein bunt bemaltes Mobile hängt von der Plane herunter. Kleine handgefertigte Tierfiguren drehen sich im Wind. Kinder bleiben stehen, staunen, jammern, beginnen zu weinen, wenn sie weitergezogen werden, ohne eines der begehrten Spielzeuge bekommen zu haben.

Ein paar Stände weiter bietet ein älterer Mann, das graue Haar halb von einer schwarzen Baskenmütze verdeckt, Kunstdrucke an. Surrealistische Malerei. Ich betrachte einen der ausgestellten Drucke. Zu viel Rot im Hintergrund, in allen Nuancen. Ein Frauenkopf, die linke Gesichtshälfte von Kletterpflanzen zerfressen, am Hals der ehemals Schönen zu Schlangenköpfen werdend. In ihrer Pupille spiegeln sich Flammen wider.

„Schauen Sie sich ruhig um", begrüßt er mich. Es sind alles Werke von mir. Freilich nur Kunstdrucke. Sollten Sie Interesse an einem Original haben, müssten Sie sich in meine Galerie bemühen." Er reicht mir seine Visitenkarte.

Ich weiß nicht einmal, warum ich sie annehme.

„Alles Surrealismus?", frage ich, Interesse vortäuschend.

Er gießt sich einen heißen Tee aus der Thermoskanne ein, bevor er mir antwortet.

Sicher, es gibt interessante Werke, auch im Surrealismus. Ich mag den Malstil trotz allem nicht.

„Ja. Ich habe als junger Kunststudent mit fantastischer Malerei begonnen und mich irgendwann im Laufe meines langen Malerlebens beim Surrealismus festgebissen oder besser gesagt festgemalt." Er lacht bis ein Hustenreiz einsetzt.

„Jetzt beginnt wieder die kalte Jahreszeit, da muss man aufpassen, dass man sich nicht den Tod an den Hals holt. Ein Tag pro Woche reicht dann aus hier draußen in der Kälte."

„Ich muss weiter", antworte ich, hebe die Hand zum Gruß und denke: Ja, den ganzen Tag draußen ... Man kann sich wahrhaftig den Tod an den Hals holen.

Whiskey reißt sich plötzlich von mir los und ist zwischen all den Menschen vor uns verschwunden. Ich höre ihn wenig später bellen. Entschuldigend versuche ich vorwärts zu kommen. Dann sehe ich sie. Suchend schaut sie sich um. Whiskey ist an ihr hochgesprungen, verspielt und freudig mit dem Schwanz wedelnd. Sie bückt sich ein wenig und legt ihre Wange an seinen Kopf. Ihre Hände streicheln ihn immer wieder. Sie ist schlank geworden, noch schlanker als damals, als ich sie das letzte Mal sah. Ihr blondes Haar reicht jetzt bereits bis über die Schultern. Seidig glänzend. Ihre Freundin bedient eine Kundin, packt gerade eine bunte Tasche in eine Plastiktüte. Dann geht sie zu ihr, flüstert, Conny nimmt Whiskeys Leine und sagt etwas zu ihm. Er zieht sie hinter sich her. Sie kommen auf mich zu, jetzt bleibt sie stehen und starrt mich an. Ihre Lippen formen meinen Namen. Ich bin wie erstarrt. Nur noch wenige Meter trennen uns voneinander. Ich halte ihrem Blick stand, bis sie vor mir steht. Ihre kühlen Fingerspitzen berühren meine Wangen. Der vertraute leichte Duft von Apfelshampoo steigt aus ihrem Haar zu mir empor und mein Herz scheint sich zu überschlagen.

„Er hatte recht. Der Herr Professor hatte recht." Halb lachend, halb weinend sieht sie mich an. „Ich weiß wohl, was ich fliehe, aber nicht, was ich suche. Die Natur hat uns Menschen für das Zusammenleben geschaffen. Montaigne ... "

Dank

Mein Dank gilt Inge Witzlau und Alfred Büngen vom Geest-Verlag für die herzliche und großartige Unterstützung bei diesem besonderen Buchprojekt. Ohne Euch und Euer stetiges Engagement, auch für unbequeme Themen, wäre aus dem Manuskript zu Herrn P. kein Buch geworden.

Danke auch an den Menschen, der mich so unverhofft und großzügig unterstützt hat und zu dieser Publikation, die mir so sehr am Herzen liegt, beigetragen hat.

Dank an meinen treuen Freund Rainer Hörmann für wertvolle Tipps und die erneute Fotostrecke.

Dank an meinen Bruder Jan und meinen Sohn Riza-Rocco für ihre Zeit und die liebevolle Unterstützung.